新版 憲法読本

主権者たる国民が正義を貫くために

蜷川 新
NINAGAWA Arata

論創社

まえがき

今日の日本の政治界は民主日本国の憲法を、無視又は軽視して、少しも恥じる様子が見えない。一般の人民は、それら無恥の政治家を、強く責めることも敢てしない。今日の教育家の中には、明治憲法は、天皇が国民に与えられた欽定《きんてい》憲法であったが、今日の民主憲法は、米人が、日本人に押しつけた憲法であると称し、憲法を軽侮している人が多くいる。

今日の論客の中には、日本の民主憲法は、占領時限りの憲法であるなぞと、公言してはばからずにいる人さえもいる。

憲法とは、国の組織法である。国の組織の軽視や無視は、日本国の破壊である。それは、重大事である。

明治憲法は、太古の「神勅《しんちょく》」を、細い条規にして、一つの法規となしたもののように、説く人が多くいた。それは、明治憲法制定の事実の無視である。明治憲法は、プロシャ人グナイストが、日本人に教えた、天皇権力主義の、そして三権分立を認めない特殊の憲法であった。また明治憲法は、人間の基本人権を保障していなかった。それでも、従来日本人民は、国の組織法として、正直に、それを護持して来た。

明治憲法は、外交も、軍事も、又財政さえも、天皇の権利であると定めてあった。いつかは、それが、濫用せられて、日本民族のために、重大な危機を生ぜしめる運命に陥るべきものであった。およそ専制は、必然に、人類を苦しめるものである。それを防ぐための三権分立である。

世界の史実に依れば、国に重大事件の発生した後には、その国の政体に、大きな変動が必然に生ずる。その通則によって、日本は、敗戦後、日本新憲法の制定となり、「民主日本国」とあらたまったのである。日本の民主国への一変は、列国との約束であって、日本人の意思に依り、生じた事態である。

日本の民主は、往年幕府制度の廃止と同時に、日本に生ずべき運命にあった。だが、それは、明治天皇政府の妨げるところとなった。そして、六十年にわたり、ドイツ流の天皇権力主義が、日本に強行されていたのである。君主権力主義は、一時の現象に止まるべき運命のものであった。そして日本の降伏により、民主主義日本が、成立するに至ったのである。

憲法は、国の組織である。法律学専門の研究は、別事として、一般人は、日本国の組織を、一応は心得て置くべきものである。それなくしては、今日の民主国の国民は、その日々の生活を、合法的に、保持し得ないのである。「主権は人民に在る」という根本の法理を知らずにいる日本人は、人間の基本人権とは何かが、全く分らずに、生きている人々である。これらの日本人は、依然として、「天皇即国家」の旧式の謬説《びゅうせつ》に耽っている現実さえある。それは、民主日本の呪咀《じゅそ》である。国の組織の破壊である。そのような説は救国の信念を懐く人の説ではない。日本民族の安寧を阻碍《そがい》する。

私は、十有余年にわたり、駒沢大学にあって、人文学科の学生のために、憲法を講じていた。私は、専制政治を、人民のために有害であると説いていた。私は、憲法の比較研究に志していた。私には、その経験がある。そこで私は、確信をもって、本書を綴ったものである。

本書は、たんに法律学の講義ではない。時事に関し、憲法に照し、何人にも分るように説いた一つの読本である。

一九五三年九月

蜷川　新

新版　憲法読本——主権者たる国民が正義を貫くために　目次

Ⅲ　現行憲法の基本性格　47

Ⅳ　民主憲法と天皇　65

憲法読本——主権者たる国民が正義を貫くために

【凡例】

一　本書は、蜷川新著『憲法読本　主権者たる国民が正義を貫くために』（理論社、一九五三年）の復刊である。

一　復刊にあたっては、誤記・誤植を訂正した他、旧漢字を新漢字に改めたところがある。

一　丸カッコの割注は編集部によるものである。

I　明治憲法の成立

1　憲法は国の組織法

憲法という日本の文字は、二字の何れをとって見ても、「規《の》り」という意味の文字である。民法、商法、刑法などは、その文字を見ても、その内容が大体わかるけれども、憲法という文字では、その内容は何んだかわからない。西洋語では、どこの国でも、「国の組織法」または、「組織《コンスチチューション》」という文字を用いている。それであるから、何人にもすぐにその内容がわかる。明治の天皇は、明治二十二年に、大日本帝国憲法を発布されたが、その時に、憲法という内容不明の文字を用いたのは、適当でなかった。

日本人は、その時に、初めて、「国の組織法《コンスチチューション》」というものを作ったのである。東欧のプロシャやバーバリヤの「国組織法」を手本として作ったものである。日本には、西洋にあるような「国組織法」は、むかしにはなかった。ただ蘇我氏の時代に「十七条憲法」と称するものが、蘇我馬子の権力の下で、作られた。厩戸王子《うまやどのおうじ》がこれを撰んだと称されている。それは、天智天皇以後の天皇権力主義時代になってから後に書かれたことであった。蘇我馬子の時代に、国史が作られたことは、史上明かである。けれども、蘇我氏が、亡ぼされた時に、その国史は、ことごとく焼かれたと、歴史には、伝えられている。十七条憲法は、厩戸王子一人の能力の製作だと、称するのは、六十年の蘇我主権亡びて後の天皇権力主義者の政策としては、当然の宣伝である。けれども、国の仕事として、蘇我主権の下に作られた憲法と見るのが正しいであろう。蘇我氏の握っていた国家権力下に、多くの人汝が、隣国の歴史や哲学や法制やを、研究し、そしてできたものと、判断するのが至当であろう。とにかく、その当時に、「十七条憲法」という名を用いた法則が撰まれた。それを聖徳太子が撰んだ、と由来伝えられている。

この「憲法」の文字は、「のり」という日本語の意味のみが示されている。だが、「国の組織」は、その中には、全く書いてはない。仏教をひろめることが、主として書いてある。日本の主権下の臣下が、物部派、蘇我派と分れるのを抑圧し、「相い和し、党を立てて相争わないように」と、書いてある。その中には、天皇権力主義を確立するような文字はない。人間の基本人権なぞは、もちろん見られない。「主権」という観念も、全く見られない。明治の時代に、有賀博士は、国法学者として、それを批判し、「官吏の服務規律のようなものである」と書いていた。全然その批評の通りともいえないが、不当の批評でもない。そこには「民主」なぞは全然ない。

此の憲法という文字は、徳川幕府の初めにも、公文の上に、使われた。「大江大膳太夫広元《おおえだいぜんだゆうひろもと》、鎌倉下向《げこう》に及び、武家の憲法を定め」という古文書が、今日に遺されている。ただし徳川幕府が定めた重大の国法は、「憲法」という文字は、使っていなかった。

明治二十年に「憲法発布の詔」が出された。そして「大日本帝国憲法」と題して、人民に向って、国の組織が公布された。聖徳太子の憲法の用字を襲用したのである。ほんらいこの時に、「国の組織法」という文字を初めから用うべきであった。日本には、「憲法」という文字が、遠く一千三百年以前に、すでにあったとして、国自慢の保守者は、それを揚言する。だが、その内容は、上述の如くに、全く別のものであった。

文明国の国組織法は、「三権分立主義」により、専制政治を排斥し、「人間の基本人権」を、保障した法則でなくてはならない。それが、民主日本憲法前文に書いてある通り、「人類普遍の原理」として、文化輝く全世界を通じて、認められている事態なのである。

2　江戸幕府時代から立憲政体の研究は行われていた

慶応時代には、幕府側では、立憲政体の研究を国の主権者として率先して行っていた。また第一次の遣米使節は、米国の首府において、詳細に、米国の立憲政体を、実地に視察していた。幕府の「蕃書取調所」には、早くから、数人の憲法研究者がいた。慶喜は、つとに、西周助《しゅうすけ》から、憲法の講義を受けていた。越前や、土佐にも、やや遅れて、立憲政体の研究者がいた。慶応三年十月における慶喜の「政権帰一の上書」には、「公議をつくすべきこと」が述べてある。「公議をつくす」とは、立憲主義のことであって、専制排斥のことであること云うまでもない。

次で出た「五ヵ条の誓文」には、慶喜の上書を引きつぎ、「万機公論に決すべし」と冒頭に宣言された。同じくこれは「民意尊重」の意味である。民意尊重とは、人間の基本権利の尊重である。この誓文は、「主権は人民に在る」というような純民主主義の誓文ではなかったけれども、専制を排斥し、人民の意思を重んずることが、明白に、ここに表現されていたのである、そして、それに基き、太政官から「政体書」が頒布せられた。もともと、日本の政体は、「維新」を機会として、立憲主義をもって、定められたのであった。

3 明治政府は立憲主義を廃止した

明治天皇の政府は、人権尊重主義者をもって、組織されたものではなかった。薩長人や、公卿は、旧幕府人や、越前人や、土佐人とは異り、日本の政体を、立憲政体とするという理想なぞは、初めから全然抱有《ほうゆう》していなかったものである。彼らは、天皇の権力を絶対にして、その権威に拠り、薩長人の作った政府を、永く存続せしめることが、その念願であった。木戸や、伊藤や、大久保の手紙に、その意は、現わされている。

「政体書」による合議式の政治は、開始すると間もなく廃止された。かくして、五ヵ条の天皇の誓文は、一片の反古紙《ほご》となされて、捨てられたのである。天皇も、天皇の政府も、その点は、甚だ無責任たるを免れなかった。だが、従来の史家は、それを責めなかった。

それ以後の日本の政治は、専制の政治の形と実とをとった。全国の日本人は、大いに憤った。

そして、人民は、連署して、政府の専制を、天皇に訴えた。

天皇は、人民の不満を鎮めるための一時の方策として、明治十四年に、「国会開設の詔《みことのり》」と称する詔書を、人民に向って発した。そして人民の不平は、強く圧迫せられ、人民は沈黙せざるを得ざるに至った。その詔書には、左のような文句がある。


「……古今を変通《へんつう》し、断じて之を行ふ、責朕《ちん》が躬《み》に在り。将に明治二十三年を期し、議員を召し、国会を開き、以て朕が初志を成さんとす。……浮言相動《あいうご》かし、竟《つい》に大計を遣《や》る。是れ宜しく今に及で謨訓《ぼくん》を明徴し、以て朝野臣民に公示すべし。若し仍ほ故（ことさ）らに躁急を争ひ、事変を煽し、国安を害する者あらば、処するに国典を以てすべし。特に言明し爾《なんじ》有衆に諭す」

右の詔書は、人民の間に盛り上った民権思想の圧迫であったことは、その文句が明示している。人民に向って、「尚《なお》、依然として、民権を称道し、政府に反対するものがあるならば、国法をもって、処罰する」という恐るべき脅迫の文意が開示された。それは誠に忌むべき「圧制の詔書」であったと云える。それは天皇の徳を汚すこと、甚だ大と云うべきである。岩倉、伊藤らは、天皇の詔を利用して、このような圧迫を、人民に加えた。そして人民の要望した英米仏などの人権尊重主義の憲法制度を蹴った。そしてドイツ流の権力主義憲法を制定するに決定し、天皇の命と称して、伊藤は岩倉と画策し、プロシャに行き、詳細にグナイストの講義及びシュタインの教授を仰ぎ、天皇権力主義憲法の原案を立て、日本に帰来したのである。この事情については、拙著『天皇』に相当詳しく私は述べてある。

同詔書には、責任は「朕が躬に在り」と明記してある。天皇は、人民に向って、責任をとることを断言されたのである。斯くして、全国日本人民の積年の憤激は、一時は鎮められた。そして人民は、明治二十二年迄、八年の間、人権尊重の憲法の公布されるのを、待ちに待ったのであった。

明治十四年の詔は、明治元年に出された五ヵ条の誓文とは、似ても似つかない内容の違ったものであった。「万機公論に決すべし」と、決定的に宣言した誓文は、この詔書で全く反古紙となった。「我国未曾有の変革を為さんとし、朕躬を以て、衆に先んじ、天地神明に誓い、大に、斯の国是を定め、万民保全の道を立てんとす」との一大革新的の宣言は、この詔書で全く取り消されたのである。明治元年から十四年の間に、天皇が、神に誓われたり、人民に告げられたりした詔は、天皇の権力で変更せられたのである。それでは、天皇の聖徳は、保たれ得べくもないのである。それでは「聖天子の聖代」と仰ぎ、「文明日本の更生」として、人民は礼讃し得べくもない筈である。

明治初年以来天皇の行動は、かくも、一貫しなかった。それは政府の要人、主として岩倉、大久保、伊藤らが、明治天皇の権力を、ほしいままに利用し、自分たちの権勢維持のために、都合のよいように、詔書を作成し、天皇の名をもって、それを人民に制圧したからに相違ない。即ち、藩閥人の作った天皇の政府は、天皇を、「自己の傀儡《カイライ》」となしたことを示している。維新の直後から、天皇制は、弊害を伴っていたことが、これら一連の事実により、証明されるのである。

明治二十二年に、明治憲法が、公布せられる迄には、専制を憤る人民は、、全国的に、天皇の政府に対して、大いに争ったものである。英国のように、国王と、貴族、僧侶、及び人民が、大兵を率いて、争ったというような物凄い事態は生じなかったけれども、人民の叫んだ政府に対する憤激や、攻撃や、反抗運動は、全国的に、甚だ激甚であった。決して無事太平に、日本の憲制は天皇の恩恵により産まれ出たものではなかった。それだのに、従来の歴史には、ただ、明治天皇の恩恵をもって、人民のために、憲法が下賜されたものであると説いていた。けれどもそれは、屈従的史家らの阿諛《あゆ》である。それは人民を欺瞞した史論であった。

明治政府は、ほんらい人民の輿望《よぼう》を担って、それにより成立したものではない。陰謀好策の数々を行いつくし、ただたんに、「勤王」を名とし、人民をあざむいて、天下を取ったものである（『維新正観』一九五三年、参照）。それであるから、人民の熱望した英仏流の自由の憲法を制定して、人民の基本人権を保障したならば、人民の代表からは、不信任の決議をつきつけられ、忽ちにして、薩長政府は、亡び去ることは、自明であった。岩倉や伊藤や大久保などは、薩長人が一度握った権力は、決してそれを手離さない、という強い利己心に固っていた。当年の政治家は、一般に利己的心事のものであったとは誣言《ぶげん》ではない。確かに事実であった。彼らは、天皇を利用し、人民を軽侮していたのである。だから当年の人民は、彼らの利己心と、不誠実と、彼らの行った政治の専横とに反抗して、身を犠牲にして起ったのである。人民は、天下取りに奔走し、活動したのではなかった。

明治十四年から、明治二十二年に至る迄の八年間は、薩長人らが、如何にして、その政権を維持するかを、大いに研究した時代であった。明治政府は、ドイツ人の学者の若干人を内閣に雇入れた。ドイツ、オーストリアから帰った日本人の留学者渡辺廉吉らを用いて、東欧式の憲法と行政法とを、研究せしめた。岩倉が、憲法に関して、当時意見を上申しているのは、岩倉自身の智識でもってできたものでないことは、云うまでもない。ドイツ人と御用学者の作った案である。当時の政府は、人民の切実な希望を全然拒否して、東欧式の専制政治を、日本に採用することに、その全力を注いでいたのである。そして伊藤は、プロシャ及びオーストリヤに行き、先ずグナイストについて、都合のいい教えを受け、次にシュタインについて、更らに天皇権力主義の説を聴き、十五年、十六年の二年にわたって欧洲に留り、天皇権力主義の腹案を、確立していたのである。伊藤は、明治十五年、岩倉に手紙を送り、グナイストの教えに満足し、「死所を得た」とまで極言している（拙著『天皇——誰が日本民族の主人であるか』一九五二年に、その当時の伊藤の手紙の全文が掲示してある）。

　彼らは、天皇の権力を、最大最高に盛り上げ、それにより、藩閥政府の永続を、策謀したのである。俗物政治家としては、必然に考えられうる術策であったろう。彼らは、その方便として、「神勅」だの、「神器」だのを、その昔日本に実存したもののように、人民に宣伝し、そして、お傭外人に、それを国史として説明した。人民はそれによって、巧みにあざむきえたけれども、西洋人は、それを信ずるほどの無智ではなかったろう。外人は、「神代」だの、「神の子」だの、「神器」だの、「神勅」だのを、心の中では嘲っていたことであろう。

　岩倉が、明治十六年三月に示した「国体政体取調意見書」というものがある。幕末の時代に、彼ら一味が起した煽動、活動を、彼、岩倉は、全く知らない人間であるかのように擬して、その文章は綴ってある。その一例を示せば、「案ずるに、維新の際、『民情固陋』に陥り、只管（ひたすら）攘夷を以て、輿論とす、若し西洋の事情を明かにして、智見を開き、其説を改めしむるに非れば、国家実に危殆の傾向あり、是に於て、鋭意、西説を用いて、其の鎖国の民情を、開達せしめ云々」と書いてあるのがそれである。この文句こそは、明かに、幕府方で主張した正論であった。

岩倉は、幕府の味方ではなかった。彼は、倒幕の陰謀者であった。何んの面目あって、当時の全日本人に、彼はまみえたのであろうか。

4　明治十四年の詔書は人民の輿論を制圧した

国民は、明治十四年以来、日々に、明治二十二年の来るのを待った。八年を経て、その日は来った。そして「憲法発布の勅語」と、「憲法に関する詔語」とが公布された。共に二月十一日のことである。そして、「帝国憲法」が、人民に向って発布せられた。

この二つの詔勅に依れば、憲法は、人民の「基本人権」を保障するものではなかった。「此の憲法及法律の範囲内に於て、その享有を、完全ならしむべきことを宣言する」と書いてあった。また「朕が子孫及臣民は、敢て之が紛更《ふんこう》を試みることを得ざるべし」と、記してあった。さらにまた、「朕が祖宗に承《う》くるの大権に依り、現在及将来の臣民に対し、此の不磨の大典を宣布す」と厳命してあった。

以上のような憲法発布の勅である。だから、明治憲法は、英仏流の憲法とは、全く異ったものであって、「天皇の権力保障のためのもの」であることが、明白にされていた。これでは、明治初年以来、人民が主張した「民権」は、「殆んど顧みない」ということが、宣示されたものである。明治以来、詔勅に対しては、人民は、それを批判することを絶対にゆるされなかったのであった。従って、明治憲法に関して、学者は、その適否を、法理上からは、論じえたけれども、右の詔勅に関しては、唯、沈黙していたのである。それが、確かに、日本の文化を妨げ、日本の政治の腐敗を生ぜしめた。

右の勅によれば、「祖宗から」、「天皇の権利は承けられたもの」と宣言してある。然るところ、明治元年の宸翰《しんかん》には、「中葉、朝政衰てより、武家、権を専らにし」と正しく書かれてある。天皇には、積年権力はなかったことを、明治元年には、天皇の勅をもって認められ、明治二十二年には、天皇の権利は、「祖宗から承けた」と断言してある。二者は、一致しないのである。また建国の昔には、「天皇の大権」と呼ばれるような強大な権力は、日本の歴史によれば、ありえなかったのである。従ってそれは正しい勅とはいえない。

右の詔書は、天皇権力主義を確立するために、極めて専権的の趣旨を、人民に向って、厳示したものであった。それは、実に五ヵ条誓文の全面的の取消であった。

およそ詔勅は、初めから全人民に秘せられて立案される。そして少数の官僚が、その意のままに、先ず作成し、それを、天皇の命令として、天皇の名をもって、人民に向って、公布するものである。むかしの時代のように、官吏のみに智能がそなわり、人民は、一般に能力が欠けていだ時代ならば、それも、人民をみちびく一つの方便であった。だが、人民に教育が普及し、人民の智能がすすんできた時代には、人民は、人民の基本人権を無視した命令なぞは、信用しないのは、当然である。今日の民主憲法に反する一切の詔勅は、今の日本では、すでに無効のものとなっているのである。「神勅」というようなものは、それが、事実存在したものであっても、もはや、憲法の明文をもって、無効とせられたのである。

以上のような憲法であったにもかかわらず、それを恩賜の欽定憲法と奉拝せしめられていたのが、明治以後の日本人民の実情であった。それを、「明治の聖代」と呼ぶに至っては、余りにも人権本位から離れた屈従であることを、民主国日本人は、なげかざるをえないではないか。

5　軍人勅諭はどんな役割を果したか

明治十四年に、天皇は、国会開設期に関して詔を発し、人民に対して、その民権の主張を、厳に制圧するの方策をとられた。明治十五年には、軍人に五ヵ条の勅諭を下して、新たに軍人階級を作り上げ、それを、天皇の股肱《ここう》と称し、天皇の権力を確持するの方策を、樹立された。全国の軍人となった壮丁をして、政治に干与せしめないことが、その目的であったことは、明白である。

この勅諭の「前文」は、日本歴史の一部を指示している。学理的にそれを研究して見れば、左の結論に到達する。

「我国の軍隊は」、と冒頭に書いてある。「日本国の軍隊」という意義に、相違ない。昭和の時代に入ってからは、それが、「皇軍」と改められ、軍は天皇の私物のように一変した。それは後年の青年軍人らが、ほしいままに、日本歴史を覆したのであった。

次いで、「昔、神武天皇、躬《みずか》ら大伴物部《おおとももののべ》の兵《つわども》どもを率い中国《なかつくに》のまつろぽぬものどもを討ち平《たいら》げ給い、高御座《たかみくら》に即《つ》かせられ、天下しろしめし給いしより」と書いてある。これによれば、「神武の東征」という事実は、消え失せ、神武は、初めから、日本の本土中央に、大兵を率いて、君臨していた人であるかのように見える。「神武の建国の詔」というものとその点は、全く合わないことになる。その「物部の兵」というのは、ほんらい饒速日《にぎはやひ》及び長髄彦《ながすねひこ》の二人が、日本の本土中部地方の権力者として率いていた一軍であった。その通りに歴史は我らに教えている。饒速日は長髄彦を殺害して降伏した。その子の宇麻志麻治《うましまじ》は、神武の最高の武将となされた。それが後の物部氏である。それが「物部の兵」というものである。物部氏は、初めから、神武の部下として、神武と共に、中国《なかつくに》に来た将師ではなかった。右五ヵ条の勅諭によれば、建国の詔は「我れ東を征ちしより、茲《ここ》に六年になりぬ」と書いてあるのを否認して、そのような困難な事情は、当初から神武側には全然なかったように見える。神武の歴史を事実でないと説く人から見たなら、そのようなことはどうでもよいことになる。けれども、神武天皇というその名は、後年に附したものにせよ、神武の時代はあったものと認め、神武は、中国《なかつくに》に向って、九州の一地方から、侵略し来った人であって、その当時の中国には、神武の侵略軍を、勇敢に防衛し、神武の侵略を、一時は失敗せしめていた、一人の英雄、その名を長髄彦という人物がいたことを、事実と見る人には、神武の詔と、五ヵ条の勅諭とは、吻合しないものがあることを、認めざるを得ない。私は長髄彦という一人の英雄的人物の存在を、日本の民族の歴史の初めに見るのを、日本民族として、むしろ痛快事に感じている。ローマの英雄ヴェルシンジエトリックスに酷似しているところがある。興味は深い。

「中世《なかつよ》に至りて、文武の制度、皆唐国風に倣《なら》わせ給い……兵馬の権は、一向《ひたすら》に其武士どもの棟梁たる者に帰し、世の乱と共に、政治の大権も、亦其《またその》手に落ち、……世の様の移り換りて、斯なるは、人力《ひとのちから》もて挽回《ひきかえ》すべきにあらずとはいいながら」との悲観的文言は、正直に事実を明示されたものといえよう。「人力をもつてしては、挽回し得ない程」に、日本国の数世紀間の大勢は、定っていた。ほんらい天皇の政治の上に大きな過失があって、国民は、殆んど皆な天皇を信ぜず、人心は、天皇から、全く離れ去ったのが、歴史家の説き来った所である。これは誤りでないと断定し得る。武家が、「天皇の権力を略奪した」と、宣伝した伊藤博文らは、日本の歴史を無視して、天皇に媚び人民をあざむいたのであった。ところが五ヵ条の勅諭は、それに反し、正直に、日本の歴史を述べているのである。

つづいて「歴世祖宗の専《もっぱ》ら蒼生《そうせい》を憐《あわれ》み給いし御遺澤《ごゆいたく》なりといえども」と書いてある。これから以下は、天皇権力主義確立の準備工作である。「専ら蒼生を憐み給いし御遺澤」とは、はたして何を指していうことであろうか。一千年の久しきにわたって、天皇には全く権力なく、人民と全く離れて存在していた皇室には、「専ら蒼生を憐む」というようなことは、事実として、できうべくもないことである。正直な史家は、かく正論すべき良心を有している。

次で、「天子は、文武の大権を掌握するの義を存して」と書いてある。これは、「統治権を天皇の一身に総攬《そうらん》する」という「明治憲法の条文」と、同じ意義を示したものである。即ち「権力は、人民に分与しない」という宣言である。即ち民権主義者の運動を抑えた勅である。この勅に基けば、天皇に権力がなく、ただたんに、「国のしるし」と定められた今日の憲法によれば、天皇の名は存置されであるけれども、天皇は、もはや、天子ではない。天皇は、国の元首ではない。即ち人民の上に、君臨する人ではないことが、その勅により明白に解釈せられるのである。いわゆる勤王者は、この天皇の勅諭を、つつしみ守る義務を有している。

次で、「朕は汝等軍人の大元帥なるぞ、されば朕は、汝等を股肱と頼み、汝等は、朕を頭首と仰ぎてぞ、その親《したしみ》は特に深かるべき」と書いてある。これは、新に「軍人階級」を作り上げ、軍人即ち将兵の総ては、「天皇の直臣であるべし」との特命である。これが明治以後の軍閥の基本をなしたものである。これが、「軍統帥権の独立」を、生じた起因である。結局、これが、後年に至り、日本民族の生存に、大きな禍をなし、且つ世界の人類に、甚大な脅威を与えたものであった。理論を守る人民には、この結論を拒むことは、できないのである。

軍人に、忠節、礼義、武勇、信義、質素を命じたことは、適切の諭《さとし》であった。だが、軍人は、結局これを守らなかった。軍人は、結局忠節を尽さなかったのである。礼儀、信義、質素も、顧みなかった。古い軍人には、忠誠の軍人はいた。それは確かである。昭和時代の軍人は、勅を無視して、政争に干与し、その政治に関する智能の不充分であったところから、天皇の権力をほしいままに利用し、専横の政治に走り、人民を奴隷視し、日本の民族を、亡ぼすような大失態を惹き起したのである。それは、天皇権力主義から、必然に生じ来る弊害の結晶であった。

この軍人に与えられた勅諭には、なお三つの大きな過誤がある。その一は、左の言句である。

「併《しか》し我臣民の、其心に、順逆の理《ことわり》を弁《わきま》え大義の重きを知れるが故にこそあれ」

この文言によれば、日本全国の人間は、少くとも、七百年の問、或は一千余年の永い間は、「不義背信の逆徒のみであった」ということになる。その間の人間は、「人民の道徳」を無視し、不義背信の人間として、世の中に横着に生きていたということになる。このような断言は、その間生存した日本民族への侮辱となるのを遺憾とする。それは、天皇の「聖徳」を汚す言となるではないか。

他の一つは、左の言句である。

「徳川の幕府、其政《そのまつりごと》衰え、剰《あまつさ》え、外国の事ども起りて、其侮《あなどり》をも受けぬべき勢に迫りければ」

この文言は、孝明天皇が、元治元年に徳川家茂将軍に与えられた「親書」に反するのである。その親書には、「各藩に武備充実の令を伝え、内には、諸役の冗員を省き、冗費を減じ、大に砲艦の備を設けしは、実に朕の幸のみにあらず、宗廟生民の幸なり」（詳しいことは、拙著『維新正観』第二四頁に譲る）と明記してある。当年の江戸幕府の政治家は、冗費を節し、陸一海の軍備を整え、巧妙な外交を行い、米、英、仏、和などの外国を、日本の味方としていたのである。この重大の事実と、五ヵ条の勅諭とは、全く合っていないのである。それは、明治天皇の徳を汚す勅諭となるのである。

その三は、左の文言である。

「されば、此時に於て、兵制を更《あらた》め、我国の光を耀《かがやか》さんと思い、此十五年が程に、陸海軍の制をば今の様に建定（たてさだ）めぬ」

この文言は、幕府が、陸軍は、仏国の兵制に則り、海軍は、仏英式の海軍に倣い、すでに有力のものが建設せられていた顕著の事実を、無視し、「明治政府になってから、初めて、日本に、陸海軍制が建てられたもの」と、人民に告げられたのである。これは、甚だしい歴史の無視である。天皇の徳をけがすこと、甚大であるといえる。

明治天皇は、右のような天皇の聖徳を汚す勅諭を作成して、これを軍人に宣べられ、天皇権力主義を、日本に開始せられたのである。正論家としては、この大きな政治上の過失に対して、それを、「明治天皇の善政」と讃美することは、その良心が、許さない筈である。

天皇権力主義の建設者は、日本民族の栄辱を、深く顧みなかった。そして歴史の無視を、大胆に行った。そして、自己の栄達を図ったのである。

日本に再び、このような不法背徳の政策が、行われてはならない。主権を有する日本国民は、そこに民主国人民としての信念を確持進展して、民族の幸福を、保育することに、献身努力することが肝要である。

6 憲法の立案者グナイストはいかに教えたか

明治憲法は、日本固有の国法ではなかった。岩倉俱視《いわくらともみ》の制定したものでは勿論なかった。伊藤《いとう》博文《ひろぶみ》の編んだものでもない。天皇自ら作ったものではむろんない。あれは実に、プロシャの法学者グナイストが、二十回にわたって、日本人に講義し、プロシャの憲法を土台として、くわしく教えた案であった。そのことについて、「グナイストの講義」の一部を抜きとって、左に書いて見る。

《第一回の講義》モッセは学問上から申述べますが、私は実際上から申上げます。日本では国会開設の催しがある由ですが、外交、兵制、及経済の三事項は決して国会の干与を許してはなりません。仮りに英国の一例を申述べますが、千八百年代には、外務卿アルムストは、外交のことは君主の特権ではない、国会の権であると申し、そのために退官せしめられました。兵制についても、過去二十年以来、君主の権に帰しました。その以前には、貴族から、士官を申附けることがありましたが、君主から命令することに定まりました。英国は君主の権が余程強い国でありますけれども、南独逸の諸国では、君主は、殆んど国会の奴隷となっています。英国にては、国王の財産については、従来定まっていますことは、国会の議決に附せずに、徴収し、国会にはそれを報告するのみであります。そういうようにしなければ、君主の権力は立ちません。国会議員の選挙については、弁舌家、弁護士のような者が議員となっては、国事を誤ります。それですから、選挙権者としては、資産家であるを要し、上級資産家には、一人で三人の議員を選むの権利あらしめ、中級の資産家には、二人を、下級資産家には一人を選む権利あらしめるが如くすべきであります。被選資格者としては、名誉官を勤むべき義務あらしめ、裁判に倍審せしめるようにすべきであります。財産もあり、実歴もあり、その地方のことを能く心得ている人であって、初めて国会議員となることが出来るようにすべきであります。議員は公正な意見を、堂々と議場で述べるべきものでありますが、とかく党派論に流れ易いものでありますから、自党の政府でないときには、原案を否決し、そのために君主は奴隷となることが度々あります。若もそんな風であったならば、政府は、終始、党派のために、動かされて、内閣の更迭を早め、行政の目的を達することは出来ません。党派論につき、唯今著述中でありますが、出来ましたならば、御覧に供します。

グナイスト氏は、第一に、以上のような講義をなして、天皇の専権確保を、日本人に教え込んだのである。

《第二回講義》本日は、国会について、危害及困難を生ずる実情を申述べます。

その困難が生ずるわけは、他ではありません。「ゲゼールシャフト」と申し、「国民」の中に、種々の種類がありまして、その利害が一致しないことから生ずるのであります。例えば、土地を有し、幾多の財産ある人と、財産のない人との差等あるが如きがそれであります。抑も人間は、各々独立して生活は出来ません。必ず互に集って社会を形成し、相互に相援けて生活するものであります。富者が、土地を有していれば、耕作者が必要となり、その土地に住所を占めます。農産物を売り出す人も必要となります。凡そ国民といい、人民と云うのは、土地に安着して相互に助け合い、生活して行く人を指して云うのであります。浮浪者迄も含めて云うのではありません。……このように、人々その職業を異にし、互に利害を異にするもの故、従ってその地位により、国を思うことも違って来ます。……人間は、資本のために、使役されるものであるとは、千古の原則です。その資本を有することについても、人により異ります。資本は、土地を有するのが、最も確実であります。併し土地持は、人に貸して土地を耕さしめたり、番人を置て支配せしめたりします。その耕作人や番人にも、利害の異るものがあります。土地所有者も、それらに制せられます。……百姓となって、土地を有するはその他の財産を有するものよりも確かです。ですから、土地は、国の利害関係上、最も密接な関係を有し、大切なものであります。然し百姓も、製造者も、資本家も、同じく大切であります。……今日本にて、国会を開こうとするならば、利害の相違は生じ、相剋は生ずること必然であります。先ず相互の関係を定め置くことが、必要であります。議論倒れにならないようにすることが肝要であります。フランスは、理論上、共和政治が宜しいとして、それを行いましたが、理窟倒れとなりました。若も自由の国を立てようと欲するならば、必ず先ず人民を、自由に養成して、自由に慣れしめることが肝要であります。それには、宗教を基礎とするを要します。欧洲の内で、富強と称する国は、先ず寺院を興し、宗教を盛んにします。宗教は、四海兄弟の大義を守り、私を図ってはならないことを説くものであります。法律ではそれが出来ないのであります。（中略）ペルリンの人民は、田舎の人民よりも知識があります。併し選挙せられる議員は、理窟屋であり、実地のことが分りません。田舎には、人物は少いのですけれども、適当の人物が選ばれます。それは、人民相互の結びつきが、都会よりも、田舎の方が、固いからであります。……云々」

グナイストは、二十回の講義の中で、日本には、「仏教を国教とすべし」と教えている。だが維新以来排仏が唱えられ、神教を重んじていたために、それは用いられなかった。その点は、むかしの十七条憲法に反していた。そして、明治以来、神道を重んじていたことが、後年には、大きな禍を、わが民族にこうむらしめたのであった。仏教の方が穏かであった。グナイストの講義の二十回の全部は、長きに過ぎ、この書には載せ切れないからそれは省略する。他日、更めて全部を、今日の文体に書き更めて、世上に公けにする機会もあるであろう。

グナイストは、英仏の憲法政治を、大いに非難した。そしてドイツ式の憲政を、日本人にすすめている。ただし、ビスマルクにも失政のあること、国王にも失態のあったことを、遠慮なしに、論じている。グナイストは、学者としての良心を有していた。フランスに関しては「フランスの憲法は、十七回も変更せられた。それでも、太平の治を得られない。それは、畢竟一国の人民を統馭すること、群羊を牧するが如くであって、民心を攬り、これをまとめることを、知らないからである」などと罵っている。かれは、依然としてドイツ人であり、フランスを誹謗するのを、常習としているのである。それは公正でない。もしもフランスの政治が、それ程に過ったものであるならば、フランスは、とくに亡びるか、一小国として、かろうじて存在しえたにすぎぬはずである。ドイツ人のフランス評は、私の見るところでは、当てにならない。グナイストは、イギリスに関しても、「昔は、良い国であったが、今では悪い国になった」と説いている。たとえば、「イギリス人は、内閣と議員とをもって、顧問の性質となすことが、古来の考え方であった。即ち国王は、君主の位に在って、全国に君臨し、同時に、万機を統べていた。然るに、今日は、そうでない。党派の政治となり、英国王は、最早万機を統べない。これは、英国の不幸であり、又英国のために、甚だ危険である」と、説いている。この評も適当といえない。イギリスは、その当時から第二次世界大戦前迄は、大英帝国として、大いに栄えていたのである。

要するに、グナイストは、天皇権力主義を、日本人に教えたのである。けだしそれは、日本の方から、日本の神がかり式の国史を、ドイツ語に認めて、グナイストに示し、それに基いて、グナイストから、日本に都合の好いような教えを受けることを、計画したのであった。岩倉の当時の二つの書面に、そのことが現われている。

グナイストは、天皇を、「ナポレオンのような大人物にすること」を、教えなかった。「下級の人民を、愛撫する正しい天皇にすること」を、説いている。学者の良心は、相当に持っていた人であることを、私は認める。

当時の日本は、未だ欧洲人からは、詳細には、理解されていなかった時代である。グナイスト自身は、日本の歴史を、進んで研究するはずもなかった。であるから、禍根は、日本の岩倉、伊藤の策略に在る、その利己心に在ると云える。

グナイストの講義は、先ず伊藤博文に説かれ、つづいて、貞愛親王に、授けられていた。私の所持する原本は、貞愛親王に授けられた講義の方である。その文中には、「伊藤伯にも度々述べてある」との文言すら見える。私のは、当時の写本である。

伊藤博文の配下金子堅太郎氏は、私の知人であった。私はグナイスト講話に関し、一書を同氏に送って、同氏から文書で、くわしい説明を得ようと試みた。ところが、金子氏は、「私もそれを存じてはいます。併し、その講話の経緯については、貴君御自身で、御調べあるよう願います」という責任を避けた文章の書面を、よこされた。グナイスト談話は、日本の政府人により、多年にわたり、全然秘せられていたものである。それは、日本憲法の作成者が、日本人ではなく、プロシャ人であることがわかり、天皇と政府の勢威が失せるおそれがあったからである。学者も、一般に、この講義の内容を知っていない。東京の大学でも、教えていなかったのである。

明治憲法は、日本固有の統治方式を、条文化したものであるなぞとは、日本人民を欺く言であった。日本は、建国当初から、封建制であった。それは古史により、又古《いにしえ》の学者の研究により、明白である。

Ⅱ　明治憲法の果した役割

1　明治憲法は三権分立主義ではなかった

明治憲法は、国土や人民の権利については、プロシャの憲法のように、それを冒頭に規定していない。一八五〇年の旧プロシャ憲法は、日本憲法の手本であるけれども、それには、その第一章に「国の領土のこと」を規定し、第二章に、「プロシャ人民の権利」のことを規定している。第三章に至って、「国王のこと」を規定している。日本の憲法は、初めから、天皇のことを規定している。即ち人民のための憲法でないことを、露骨に示してある。二千余年来、いつも天皇が、「主権者であった」という歴史が、もしもあるならば、それは、適当の順序といえる。しかしながら、そんな日本歴史はない。慶応三年（一八六七年）十二月に、天皇は、七百年の主権者、幕府が、その主権を放棄して以来、初めて、日本の主権を、掌握しえたのである。上述の詔勅には、それが率直に認められてある。だから、明治憲法は、歴史によったものではなく、明治二十二年（一八八九年）になって、新に天皇権力主義を樹立し、それを永遠に保障することを、目的として、制定せられたものである。かく判定するのが、理論的である。

明治憲法は、皇位継承については、歴史を排斥して、プロシャの憲法にならい、「皇男子孫継承」と定めている。日本には、古来《こらい》女子の天皇があった。度々あった。徳川時代にもあった。明治憲法は、「天皇は神聖にして侵す可らず」と定めた。それは、日本の歴史には、ないことである。天皇みずから、「責は朕が躬にある」と宣言せられたことが、奈良朝時代の歴史上に見える。明治天皇にも、それがある。それは上述してある。西洋の王国憲法には、「君主の不可侵」が、必ず規定してある。それは、「法律上の制裁を蒙らない」ということに過ぎないのである。道徳上の意味ではない。その「神聖」というのは、「神として崇《あが》める」ということではない。憲法は、宗教の経文ではない。道徳規定ではない。後年の日本人が、憲法にある「神聖」の文字を、宗教的に又は道徳的に、眺めていたのは、大きな誤解である。又は曲解である。私は、積年、学生に向って、右の通りに説いていたのである。天皇は人間である。日本の歴史上、「人皇」として書いてある。

明治憲法には、天皇は、「国の元首である」と規定してあった。それは、外国憲法にある文字である。ただし、プロシャ憲法にはない。その「元首」というのは、英文では、それを、ヘッド（head）と書き、仏文では、それを、シェッフ（cheff）と書いている。一定の憲法上の用語である。新憲法にあるシンボルという文字は、「ヘッド」とは、全然異った意義の文字である。明治憲法第四条は、バーバリヤ王国の憲法を、真似たものであって、プロシャ憲法には、これと同一の規定は全くない。明治憲法には天皇は、「統治権を総攬する」と規定してある。だから、立法、行政、司法の三権は、天皇に攬られているのである。即ち「三権の分立」を、認めないことを規定したものであった。唯単に三権の作用を分けて、三機関をして、司らしめる。だが、立法権も、行政権も、天皇が掌握していたのである。司法権は、「天皇の名」で行っていたのである。裁判官は、天皇の名で裁判していたのである。法理上真に司法権が、独立していたのではない。文学者達が、日本の旧憲法をもって、「三権分立の憲法である」と書いたりしているのは、憲法学を学ばずに、ただ文字を学んで、法理の智識が全く備っていないための、大きな過ちである。

明治憲法には、「法律と同一の効力ある命令」を、天皇は、発しうることを規定している。これは、国会の意思の軽侮であった。即ち人民の代表を、尊重しないことを示した規定であった。

また天皇は、「公共の安寧秩序を保持するために、又は臣民の幸福を増進するために」、「命令を発したり、大臣らをして発せしめる権利」を有していた。これは、人民の権利に関することは、人民の代表が定めるという民主的原則を軽侮して、天皇の権力を、重しとした規定である。これは、人民の選出した代議士と天皇の任命した官僚とを、同一視し、又は官僚の方を代議士の上位に置くような規定であった。

また天皇は、軍統帥に関しては、内閣をして全然干与せしめない権利を有していた。いわゆる「統帥権の独立」である。これは、政党内閣の確立を妨げる規定であり、軍部をして、政府以外に独立せしめる規定であり、専制主義を、憲法を以て、確認した規定であった。もしも軍人に、野心家や、軽率人が出れば、統帥独立が、濫用せられることになるのは、当然であった。

また天皇は、外交権を有していた。国会は、外交に干与せしめないという規定であった。これは、秘密外交を確立するための規定であった。即ち人民を軽侮した規定であった。これは民族のためには、危険な規定であった。

さらに天皇は、国会が予算を議決しない場合には、前年度の予算を踏襲せしめることができた。これもまた人民代表への軽侮であった。

天皇は、皇族、華族、及び天皇の勅任した人間をして、貴族院を組織せしめた。これは、人民の参政権を、天皇のために有利に導く術策であった。それによって、人民の参政は、意義の薄弱なものにされていたのである。

天皇は、自己の意思のみを以て、勝手に、衆議院を解散しうる規定を置いた。人民の利益のために、解散するというような規定はなかった。即ち専制主義の政治を行うための規定であった。天皇の政府の擁護であった。明治憲法は、人民のために、「基本人権」を保障していない。人民の権利は、法律をもって、どうにでも動かしうるように定めてあった。それが、憲法として、甚だ価値のなかった点である。

ただ人間のために、「所有権を絶対に保障」してあった。公用徴収の場合に限り、適当の賠償を支払って、人間の所有権を侵しえた。この所有権尊重の規定があったところから、社会主義や、共産主義は、憲法上、それを唱えることが、不法であった。理想家として立つ革命主義者のみが、大胆にそれを唱えた。法を守ることを、人民の義務と信じていた人民は、憲法の命ずる所有権の絶対尊重主義を守らざるをえなかった。即ち極端に、日本は、資本主義の国であった。そして、天皇は、世界にも稀なる程の強力な資本家であった。歴史上、かつてなかった強大な権力と、又歴史上未だかつてなかった強大な富力とを、天皇は明治以来有していた。それが、明治政府の政策であった。ただし当時は、世界でも、それが、一般に、王国の政策であった。

明治憲法は、人民としては、改正を申出る権利がなかった。永遠に、天皇の権力により、専制主義的の政治を行うことを企図して、作成された憲法であった。

明治憲法は、以上解釈したように、日本の歴史上の産物では決してなかった。日本の歴史は、国初から、封建制度であった。天皇には、絶対的の権力があったと見得る史実はない。天皇に、全然権力のなかった時代の方が、一千余年にも及んでいる。この史実を曲げることは、もはや民主日本人としてゆるされないのである。（拙者『天皇』に述べてある）

明治憲法は、所有権以外には、人間の基本人権を認めていない。また三権の分立主義をも採っていない。それは正しい憲法ではない。英仏の憲法理論では、「三権分立の主義を定めていない憲法は、憲法ということは、できない」とさえ唱えられている。日本の憲法は、専制主義的のものであり、天与の権力を、確保したものであった。

明治政府は、明治初年以来、在野の有志者が、人民の共鳴を得て、称道し来った人権保障の憲法を排斥して、専制主義を規定した。即ち人民の意思に反した専制主義式の憲法であった。

それであるから、明治憲法は、一時限りのものであって、永続しうべきものではなかった。人民に、日本歴史の正しい認識が確立され、人民に人間平等の主義が、充分に理解せられるようになれば、必然に、人民により、打倒さるべき運命のものであった。「不磨の大典」といい、「子孫をして、永遠に循行する所を知らしめる」との詔書は、人類の進歩を無視した不当の命令であった。

明治憲法は、わずかに、五十年の生命を有したに過ぎなかった。それは、必至の理であった。伊藤博文は、その著、『帝国憲法義解《ぎげ》』（一八八九年）の中に、「三権分立の説は、既に、学理上及実際上に、排斥せられたり」と書いている。また「司法権は行政権の一部をなすと説く学者がいる」と書いている。伊藤は、ドイツ学者が唱えた「国家権力の不可分論」を自己のために、都合のよい説と考えていたことを、その著書に明記していたのである。だから、伊藤の配下であった、穂積八束《ほづみやつか》は、「主権は、分つことはできない。唯だ、三権の作用を別ち、三機関をして、行わしめるのである」と、学生に講していたのである。日本帝国憲法は、このように、実に三権分立ではなかった。

2　教育勅語はどんな役割を果したか

維新以来の日本人は、藩閥政府の専横を、深く憤った。人民の希望した憲法の制定は、欽定憲法として、実現されたが、その内容は、英仏式の人権尊重ではなくして、天皇と天皇政府の権力の強力な確立にあった。人民は、総てが、それに満足しえなかった。政府はそこで、道徳をもって、人心を制圧する方策を立てた。それが、即ち「教育勅語の下賜」であった。

教育勅語は、不平の人民を抑えるために、忠誠を命じ、一億一心を命じ、天皇の権力を、永遠に確立することを命じた。従って藩閥政府の運命が、天皇の政府として、永続することを目的として教育勅語は出された。「朕爾《なんじ》臣民と倶に、拳々服膺《けんけんふくよう》して、咸《み》なその徳を、一にせんことを庶《こい》幾《ねが》う」という末尾の文句が、即ちそれを示している。

この勅語の冒頭には、「朕惟うに、我が皇祖皇宗国を肇むること宏遠に、徳を樹つること深厚なり」と書いてある。それは、神武の創業を云うもののようでもあり、又神勅のことをいうもののようにも考えられる。ただし、勅語が、如何なることを意味するかは、積年、勅語を、その儘に、人が読むだけであって、聴く人民は、攻究しなかったのが、五十年来の事実であった。「徳を樹つること深厚なり」という一句は虚偽である。それは、二千年来、天皇は常に、慈父のような君徳の高い聖天子であったものとして、制圧的に説かれ、人民をして、終にはそれを事実と思い込ましめたものである。勅語の批判は不敬であるとして説かれ、人民に許されなかった。それは、理由のないことであった。法律も、勅令も、天皇の命令として、公布されていたのである。歴史の真実を学ぶ人には、この教育勅語は、正しい事実を、人民に教育するものとは思われなかった。ただ天皇のために、都合の好い政策であったことが、密かに批判されていた。ただし学友の間にのみ秘かにそれが論ぜられていたのであった。「我が臣民克《よ》く忠に、克く孝に、億兆心を一にして、その美をなせるは、これ我国体の精華にして」との言句は、到底歴史上の事実ではなく、唯単に人心を服従主義に導くための方策であった。歴史家でなくとも、一応日本の歴史を読んだ日本人であるならば、それは、虚偽であるとの、正しい判断が下される筈であった。そして「教育の淵源亦《また》実に此に存す」との一句は、この勅語の重点であったが、それは、過去の歴史を離れて、日本人民をして、天皇の権力下に、絶対的に服従せしめることが、目的であり、それが、日本の教育の本旨であるとして、厳命したものである。それは、即ち人権尊重を非とし、自由民主を重んずる英仏流の主張を、厳峻に制圧するための術策の明示であった。即ち自由思想の制圧が、その目的であったのである。

「夫婦相和し、朋友相信じ、恭倹《きょうけん》己れを持し、博愛衆に及ぼし」は、永年の東洋流の消極的の道義と、西洋の博愛主義とを並び称したものであった。即ち、扮飾の文字である。

「学を修め、業を習い、以て智能を啓発し、徳器を成就し、進んで公益を広め、世務《せいむ》を開き」は、進歩的の教育方法を行うとの意味であった如く見える。けれども、その用字が、漢文に偏し、むずかしくて、児童や、地方の一般人には、よくはわからなかったものである。

「常に国憲を重んじ、国法に遵《したが》い」は、天皇専権主義憲法を絶対に守ることを、人民に命じ、専権に対する人民の不平を、制圧したものである。

「一旦緩急あらば、義勇公に奉じ、以て、天壌無窮《てんじょうむきゅう》の皇運を扶翼《ふよく》すべし」は、戦争を予見した文句であり、戦争の生じた場合には、「神勅」を守り、「天皇に忠を尽せ」という命令であった。それは戦時についての指示であったところから、当時、軍部と、専制に、反対して立っていた名士の犬養毅氏は、「戦争の場合のみを指示して、平時のことをどうするのか、その点が欠けている」と、批評していたのを、私は知っている。

「爾祖先の遺風を顕彰するに足らん」との一句は、日本人は、古来一貫して、天皇に、忠誠を捧げてきたものであるとの表現である。それは、日本の歴史とは、全く合わない宣伝であった。「之《これ》を古今に通じて謬《あやま》らず」は、全然日本の歴史に反することである。「之れを中外に施して悖《もと》らず」は、外国人としては、到底承認することのできない驕慢の語であった。このような教育勅語は、日本が、民主日本と一変した以上は、当然無効となるべきものであった。

然るに、その存続を唱えた人が、当時相当いた。その人らは、民主の反対者であったに相違ない。

今日になっても、内閣や、国会に勤務して、自ら「保守政治家」と称する人の中には、「教育勅語」を、賞めたてている人が若干いる。新聞が、その姓名を人民に報道している。それは、民主の呪咀《じゅそ》者であると見るより他ない。

民主日本の日本人は、民主日本を守ることが「人間の大義」である。これが今日の日本人の道徳である。

今日になって、伊藤らの行った当時の政策を模倣し、保守政府人が、人民に向って、「愛国」とか、「歴史」とかと称し、「道徳教育」を制定し、それを強制しようと企て、民主を覆滅しようとしていることは、日本民族のために、大害あって少しの利益もない。

もし八千万の日本人民に、良心があるならば、現行の日本民主主義憲法は、覆さるべきものではない。それは、人類普遍の理に基いて、制定せられた憲法だからである。ただし欠点は種々ある。それは、米人と日本人の智能の及ばなかった所があるからである。その改良は、いつかは必要である。私は、初めから、その欠点は、研究しているが、それらについては、後日に述べることにする。

3　明治憲法施行後も国民代表は政府と抗争した

明治憲法の内容は、人民の多年の切願を、蹂躙《じゅうりん》したものであった。だが、それが、国の組織として定められた以上は、人民は、それに服従せざるをえなかった。

しかしながら、藩閥政府の横暴に対しては、人民は、益々憤った。「藩閥政府の打倒」は、政治を理解する全人民の、輿論であった。議会は、強烈に、内閣を攻撃した。政府は、不法極まる干渉を、議員の選挙に行ったりした。当時の日本は、「治まれる御代」では、決してなかった。そして、明治二十六年二月には、「製艦費に関し在廷の臣に告ぐる詔」というものが出された。それは、議会が、製艦費を否決した「政府対国会の一大紛糾」に関して、天皇が、宮吏をして、その費用の一部を、支出せしめる旨の詔であった。当年の政府の策略である。

その詔の中に、左の文言がある。

「国家軍防の事に至っては、苟《いやしく》も一日を緩くするときは、或は百年の悔を遺さむ。朕茲《ここ》に、内廷の費を省き、六年の間、毎歳三十万円を下附し、又文武の官僚に命じ、特別の情状ある者を除く外、同年同月間、其の俸給十分の一を納れ、以て製艦費の補足に充てしむ」云々右の詔は、政府と内廷との区別を、混乱せしめたものである。適法ではない。

また官吏の権利としてうる俸給、即ち人間の所有権に関し、天皇の命をもって、それに干渉し、人民の所有権を侵した行為である。それは憲法違反の行為である。当時の大臣は、それについて、責任を引くべきものであった。


だが、世人は、この不法に対して、強烈に問責することをなさなかった。官吏は、それに服従した。それを「天皇の有り難いお思召だ」などと、世人は云ったり、云わしめられたりしていた。

このような奇怪な事態であった。だから、天皇の庇護下に、藩閥政府は、倒れなかった。当時の人民は、熱烈な立憲治下の人民であるとは云えないものがあった。当事の政治家は、未だ人権に関し半可通たるを免れなかったのである。やがて、日清戦争は生じた。日本は相手が弱かったために、勝利した。人民は、この勝利に迷わされた。そして、藩閥政府の生命は、延びて行った。

日清戦争終期の外交は、決して外交として、巧妙ではなかった。馬関で、両国全権の間に講和条約は結ばれたが、その条約は、直ちに、「独露仏三国の不法の干渉」を受け、講和条約の重要な一節は、直ちに無効にされた。それは、日本の外交当局者即ち伊藤と陸奥《むつ》とが、外交家としての仔細の注意力を欠いており、清国の外交家李鴻章《りこうしょう》の翻弄するところとなったためである。

憲法上、外交権は、天皇に在った。国民は、外交に干与する権利を有していなかった。その外交権の独占者は、秘密主義により、拙劣な外交を行って、世界から、軽侮されたものである。

だが、伊藤と陸奥は、その責任を引かなかった。人民は、伊藤、陸奥らの拙劣を攻撃しなかった。人民は、三国の干渉のみを憤り、陰忍復仇《いんにんふくきゅう》を唱えた。そのために、伊藤、陸奥らは、無難に切り抜けえたのであった。人民は、外交を知らず、責任政治を理解せず、ただ、外国を怨嗟するのみであった。国民は、旧痾蒙りたるを免れなかった。明治元年以後の明治政府の外交は、全く無能であった。

憲法発布以後に、政府は、学者をして、ドイツ流の法学を、大学学生に講義せしめた。穂積八束が、その最も優秀の御用学者であった。青年は、大学に学び、その青年は、官吏に登用された。そのために、日本の社会には、英仏流の民権論を唱える人間が、殆んど見られなくなった。そのために、ドイツ式の日本憲法は、そのまま生きて行くことになったのである。それが、後年には、軍人や右傾の間に、一層専制的に解釈せられることになり、終には、「天皇即国家」だとか、「国体明徴」だとか、「天皇は現人神」だとかと、非科学的の論議が横行し、日本を危地に追い込むようになったのである。天皇権力主義の本源であったプロシャも、カイザーの権力主義は、とくに亡びた。君王の権力の護持は、もはや時代の人間から、捨てられたのである。

4　天皇即国家説が抬頭した

明治憲法の解釈として、穂積八束は、天皇即国家説に似たような説を唱え、「天皇なければ、国は亡ぶ」と、東京大学の学生に向って、常に講義していた。一木《いちき》喜徳郎《きとくろう》は、天皇は、国の機関（オーガン）であるとして説いていた。この二説は、久しく相並んで、日本に行われていた。それで差支なく通っていた。

日本の歴史は、甚だしく不明であるけれども、「天皇即国家」と解釈し得るような史実はない。神武天皇は、日本の国土の中央部に、武力的侵略を行い、七年の久しきを費し、容易に、その占領目的を達しえなかったことが、古書には書かれてある。その以前から、日本には、国土があり、人民と、権力者とが、そこにいたことを示している。天皇即国家であると見るべき事実は、歴史上にはない。天皇の位が、空位であっても、日本国は存在していた。また天皇が、二人同時に出来ても、それが、五十年にも及んでいたけれども、日本国は、二つの国とは、ならなかった。また天皇は全く無権力であって、国は、天皇以外の権力者が統治していた歳月は、実に一千余年にも及んでいることは、歴史が、証明している。それこそは、天皇即国家は、「虚偽の説である」ことの、確かな証明である。

「天皇即国家説」を唱えるならば、日本の国が、国際法により蒙る制裁は、天皇自身の蒙るべき制裁でなくてはならない。しかしながら、歴史上、そのような事実はない。幕末に、日本が長藩と薩藩などの暴行から支払わせられた巨額の賠償金は、実に天皇とは無関係であった。

太平洋戦争の終末にさいし、「天皇即国家論者」は、正直に天皇の責任を認めて、列国の制裁を求むべき筈であったが、一人として、そういう筋の通ったことを、唱えた人は出なかった。

天皇即国家説は、昭和時代に、軍人や右傾者が、世の中を騒がした暴論である。政友会及び当時の政治家は、政権を得ようとの利己心から、その主張者であった。貴族院の中に、その連中が多くいた。

明治憲法には、「天皇即国家」と解釈すべき規定はない。天皇は、「国の元首」であり、「憲法の条規によって、統治権を総攬する人である」と規定してあった。天皇崇拝者は、歴史をも無視し、また憲法の条文をも無視し、迷信をもって、天皇を崇拝した。そのために、世を紊すこと甚だしきものがあった。

天皇崇拝者は、「国体」という内容の不明な、非科学的な二文字を、楯として、狂信的に、公然として論争した。その「国体」とは、どういう内容のことかは、古来、甚だ、不明瞭のものであった。それを彼らは、「判りきったもの」と独断して、論じ立てたものである。国体の文字は、孝明天皇もそれを度々用いた。水戸藩主も久しい間用いた。幕府も公文に一度用いた。明治天皇も度々用いた。浪人らの西郷、大久保らも用いた。終には、治安維持法にも用いた。だが、その意義は、つねに区々であった。古来それには、定義がなかった。昭和時代の日本人は、定義なしに争っていたのである。それらの人間は、すこぶる迂かつな人々であった。欧米には、「国体」という文字はない。「政体」という文字のみがある。中華民国の後年にできた憲法には、国体の文字があったが、それは法理上「政体」ということであった。

当時日本の頑迷者が、「国体明徴」ということを叫んだが、それは、法理的には、どんなことか本人にも分らなかった。

私は、法理上から分析して、彼らのいう「国体」とは、「天皇は統治権者である」との意義であると、解説した。私の著書にも、その通りに書いた（『日本憲法とグナイスト講話』一九三九年の附録）。「治安維持法」に書いてある「国体」の文字は、その意義をもって用いられてあった。これは、憲法第一条のことであった。国体国体と騒いだのは、愚であった。法理上には、それは、政体と同じ意義である。天皇崇拝者は、昭和の時代には、その狂信は極点に達した。そして無益な騒擾を世の中に撒いたのであった。今日でも、依然として、その夢から覚めずにいるような人もいる。それらの人の言葉は、頑迷であり、害あって何んの利益もない論である。明治憲法によれば、国に主権があり、天皇は、「国の機関」であった。そう解釈するのが、法律上論理に適っていた。軍人や右傾が、「機関」と「機械」との二文字の区別を知らずに、その無智を基準として、「天皇は機械ではない」と大いに憤ったりしていたのは、当時から識者の間の物笑であった。美濃部氏は、性来気の弱い学者であった。大胆に、軍人らと闘う勇気を、有していなかったが、そのために、右傾や不法の軍人から押しつぶされたのは、気の毒であり、残念であった。その当時は、天皇権力主義の弊害の極度に達した時代であった。日本が、亡国に走ったのは、そのためである。

5　敗戦は明治憲法悪用の結果である

明治四十年頃迄は、軍人は、よく、その本分を守っていた。軍統帥権の独立も、度を過ぎるようなことは決してなかった。外交に関しては、秘密主義であったが、外交家は、甚だしく不利な秘密外交に陥るような危険を避けていた。

大正年代に至り、海軍軍縮会議がワシントンに行われたが、その当時の外交には、不利なものがあった。外交家に対する攻撃は、それから強力に生じ始めた。

浜口内閣の外交は、巧妙といえなかった。幣原外交は、欠点が多かったために、強く攻撃せられた。そして軍統帥権に関して、海軍軍人は、政府の行動を、激烈に非難し始めた。それには理由はあった。

それより以後に、満洲事変だの、国際聯盟脱退だの、三国同盟だの、東亜共栄圏だのと、外交上に、古来未曾有の紛糾が生じてきた。いずれも拙劣の外交であった。

この大紛糾を打開するだけの大政治家は、出なかった。そして智力の完備していない凡庸軍人の政治となり、また、経験のない華族の政治となり、天皇は、無力であった。それであるから、軍の統帥権独立は濫用された。拙劣な秘密外交は行われた。法律事項を、命令に委任して、専横な政治が行われた。卑怯な政治家は、それに便乗して、「大政翼賛会」だの「翼賛議員」だの作り、何事も、「天皇の御稜威《みいつ》」だのと、口走り、日本の政治は、全く混迷に陥ったのである。

そして、敗北戦争への突入となり、全世界を敵となす破目に陥り、憐むべし、日本の政府は降伏し、天皇の権力は失われ、一切は覆ったのである（その詳述は、拙著『興亡五十年の内幕』一九五三年に書いてある）。

国家総動員法の如きは、法律事項を、天皇及び官僚の命令に委任した。そのために、人民は、あたかも、奴隷のようなものにされたのである。当時、出征者に謳わしめられていた古歌、「大君の辺にこそ死なめ」とは、古代の、奴隷の叫びであったと、云われている。太古の天皇の軍は、甚だ少数のものであったに違いない。天皇の身辺に死ぬことも、従ってそれらの臣下には出来たろう。太平洋戦争は、大軍の動きであり、広範な地域の戦争であった。従軍者が、天皇の身辺で死ぬことは、不可能であった。話が全く合わないのである。そのような乱調子であっては、文明の戦争はできようがない。政府に能力がなく、甚だしく事理を欠いた「大東亜戦争」であった。それであるから、大敗北は、必然であったのである。要するに、明治憲法の悪用から生じた大敗北であった。日本は、未曾有の汚辱を蒙ったのである。日本民族は、あの一大汚辱を永遠に忘れてはならない。

Ⅲ　現行憲法の基本性格

1　民主憲法はこうして制定された

明治憲法は、人間の文化を妨げる法規であった。また人類の平和をおびやかすおそれのある法律でもあった。天皇権力主義の憲法は、官僚をして、専制を行わしめるための兇器であった。明治憲法は、必ず廃棄せらるべき性質のものであった。そして、その時機が、遂に到来した。

世界を相手として、無智無謀に開戦し、巧妙を欠く作戦をもって戦った天皇の統帥下の六百万人の軍は、到る所で敗北した。日本の全市は、焼かれた。内地を守る軍隊には、小銃さえもなくなり、二度迄も、原子爆弾は、長崎と広島に投下され、数十万人の無辜《むこ》の人民は、一挙にして殺戮された。そして、ソ連の軍は、当時のわが領土朝鮮に進入し、満洲を占領した。それらの日本領土に居住していた日本人は、或は恥かしめられ、或は殺され、或は捕えられた。過去五十年来、日本人が経営し来った幾多の文明事業は、全く荒廃せしめられた。そこに生活していた数百数十万人の男女の運命は、悲惨を極めた。日本歴史が始って以来、未曾有の民族危機は生じたのである。

英米中華およびソ連は、先きに、即ち一九四五年七月二十六日をもって、ポツダム宣言を世界に発表した。そして、日本に降伏を要求した。彼らは用意周到であった。だが、日本の政府は、その当時は驕慢にも、それを公然に嘲っていた。日本人一般は、その暗愚の日本政府に、引ずられて、当時は、日本の危機迫れるを、覚る智能がなかった。多くの人民は、神風の生ずるのを祈っていた。

だが、愈々大敗し、日本の政府は、大動揺を初めた。そして密かに降伏を決定した。それは、秘密外交をもって行われていた。御用のラジオは、毎日毎日「国体を護れ」と、人民に宣伝していた。人民はこの術策に迷わされていた。天皇が自らラジオによって、全人民に、重大事を告げられるとの報道が、全国に伝えられたが、それでも人民は、それが「降伏の命令」であるということを悟らず、「戦争継続の勅であろう」と想像していたものが、十中九分九厘という実況であった。それは、憲法に定めてある天皇の秘密外交の権利と、軍統帥の独立権とから生じた五十年来の悪法の結果であったと云えよう。

日本の天皇政府は、一九四五年即ち昭和二十年八月十日附で、敵国に向って、先ず降伏を申入れた。その申入れには、「ポツダム宣言」は承諾する、けれども、その宣言には、「主権者としての天皇の特権を、阻害する何等の要求をも含んではいないものと、了解する」、という勝手な条件を附したのである。依然として、日本は、天皇権力主義の確保を、露骨に、敵国に向って、表現して申入れたのであった。敵国は、勝利国としての外交上、かかる申入れを、聴入れるはずは、絶対に、なかった。外交は、そのような迂濶な生ぬるいものではない。日本の政府は、敵の軽侮を買うような迂拙《うせつ》な申入を行ったのである。当時の内閣は、無能であった。天皇にも賢明が欠けていた。

敵国は、直ちに、右の申入れを一蹴した。そして回答を、日本政府に送り来った。それには、左のように書いてある。左の一文は「極秘」とされていた英文である。

それを私自身で、日本語に訳したのである。

「ポツダム宣言には、主権者としての天皇の特権を、阻碍する何等の要求をも含まない、という了解の下に、ポツダム宣言の全条項を承諾する、との、日本政府の通牒に関しては、我ら連合国の地位は、左の如くである。

降伏の瞬間から、日本国を統治する天皇及び日本政府の権威は、降伏条件の実行に、適切と思惟せられる一切の処置を行う連合国の総司令官に隷属する。

天皇は、日本国政府及び日本帝国の大本営に対して、ポツダム宣言の諸条項を実施するために、降伏条項に署名することを許し、且つそれを遂行することを、要求せられる。また天皇は、一切の日本陸海空軍及びその何れの地点に在るを問わず、軍の指揮下にある一切の軍隊に対して、戦闘行為を終結し、武器を引渡し、且つ降伏条項実施のために、最高司令官が、要求することあるべき命令を発することを、命ずべきものである。

日本国政府は、降伏後直ちに、俘虜及び抑留者を、連合国船舶に速かに乗船せしめ得るような安全な地域に、移送すべきである。

ポツダム宣言に適応して、日本の決定的政体は、日本人民が、自由に表現した意思により、建設せらるべきである。

同盟国の武装兵力は、ポツダム宣言の中に定められてある目的が、完成せられる迄、日本に留るべきものである。」

敵国が、日本に対する態度は、右の回答で誠に明白であった。もはやそれで、一切は解決したのであった。

右の回答に関し、日本の天皇の権力恢復のために、有利に解釈しようと大臣共が考えたところで、それは、全く無益であった。ポツダム宣言が命ずる通りに、日本は敵国に、降伏すべきであって、「一切の変更は、許さない」と、予めポツダム宣言に明記してあったのである。日本政府の要人は、大いに動揺した。しかし、次で、ポツダム宣言の条項をことごとく承諾することを、敵国に申入れた。それで、降伏は決定したのである。

ポツダム宣言は、日本を、民主国となすことを要求している。また日本の政体は、人民の自由意思で定めるものと、宣言している。「民主国日本の、人民の自由意志」と、敵国人は明示しているのである。それは、「完全に民主国となること」である。「君主国」として、存続せしめるということであるはずがない。まして、日本の天皇が、依然、主権者として、日本を統治することを、敵国は承認したのではない。それは、ゆるされないことであった。

この天皇の承諾により、いわゆる日本の国体は、旧と全く変ったものとなったのである。

この承諾によって、日本は、「責任政治の国」となることを、列国と固く約束したのである。

この承諾は、天皇自ら、その自由意志をもって、定められたのである。

それであるから、その時以後、旧憲法は、自動的に無効となった。天皇は、主権者ではないこと、元首ではないことに決定したのである。天皇は、不可侵の身分の人ではないことが、この時以来、国際的に定ったのである。

そして、この宣言の承諾が、全日本人民に告げられた時に、日本人民に対して、旧来の天皇の権力および権利は、全然消滅したものと、解釈しうるのである。天皇権力主義者は、天皇がその権力をもって、自由に定めた「ポツダム宣言の承諾」を、正直に、正確に、守るべき義務がある。

天皇権力主義者は、ポツダム宣言の承諾に関し、これを「外国から強制されたものである」と称し、その承諾を否認したり、或は、それを、占領時限りの憲法であると論じている。それは、不正な態度である。敗軍の統帥者が敵軍に降伏するのは、圧迫された結果には相違ない。しかしながら、それ以外に生きる道がなかったところから、それを、自ら選択して、それを、自ら行ったのである。それは、法理上、「強制されたもの」とは、論じ得ない。それは、自由の意志であり、有効の行為である。それを無効と唱えるならば、一切の降伏規約は無効となる。従って講和条約もまた無効となるのである。それでは、世界の平和と秩序とは、保つことができないのである。

天皇は、自ら降伏を主張し、敵国に、それを申入れたのである。この天皇の行為は、有効である。動かすことはできないものである。

ポツダム宣言の条項により、適法に、天皇が、敵国に降伏した以上は、それは「日本国と敵国との間の約束」となったのである。日本人は、その約束に、拘束される。その約束は、人民として、何人も守るべきものである。それが法律上並に道徳上の義務である。

2 日本政府は無責任であった

上述の通りに、日本の民主政体は、国際法的に、また国内法的に、定った。然るに、日本の政府は、「終戦連絡中央事務局」から、「終戦事務情報」第二号を出版せしめて、日本人民をあざむいていた。左の如くである。

「八月十日払暁の閣議に於て、『ポツダム宣言は、国体を変更するの要求を包含し居らず』との趣旨の了解を明かにして、右宣言を受諾することに決定せり」との文句が、それである。

この文句のみを知っている日本人には、天皇の権力は、依然として、天皇に保持され、「いわゆる国体は、旧のままである」と、敵国は承認しているもののように解せられる。当時の政府は、不法にも、日本人民を欺瞞したのである。無責任な不法な政府であった。天皇も、この情報を知っておられたはずである。もしも知っておられて、このような情報を、人民に発せられたものであるならば、天皇は、敵国をあざむき、人民をあざむかれたことになる。

当時某保守政党の幹部にいた人は、「日本の国体は、変更されたものではない」と公然と唱えていた。その人は、上述の事情を知らない人に違いないと、私には思われた。一般に日本人は、政府により、あざむかれていたのである。日本は、既に民主国と変ったのである。

総司令官は、「降伏後における米国の対日第一次方針」という米国大統領の発した重大の方針を発表した。その期日は、九月六日のことである。その中に左の一節がある。

「右方針は、最高司令官をして、米国の目的達成を目標とする進歩的変革を妨害し、天皇または、その他の権力を支持することを、委ねるものではない。右方針は、日本において、現に存在する政体を、use（使用）することであって、それを支持することではない。日本の封建的及び権力的傾向を変革するために、日本人民または政府が発案する政体の変革は、許可せられ、且つ助勢せらるべきである。」

右は、一九四五年九月二十三日附で、日本に於て、公布せられたものである。

右のように、日本は、民主国に一変することが決定されてあった。従って一日も早く、民主憲法を制定して、それを、日本人に公布すべきものであった。

然るに、日本政府の要人は、それを行う誠意を示さず、大臣どもは「憲法は改正するに及ばない」なぞと、無責任にも、新聞記者に語っていた。美濃部達吉も、同じことを、新聞に話していた。私はそれに反対した。そして憲法の変革を、「朝日」に投書した。日本人として義務であると信じて、為したことである。私の文は、切りつめられて、「声」に出ていた。

当時の各政党も、迂愚《うぐ》の極みであった。この好機会に、「日本の政体革新」を断行するだけの熱誠を有していなかった。口舌と文書とで可能であったが、革新の時機を空しく逸した。

政府は終に、商法学者松本博士を委員長として、憲法改正のことを行わしめた。同氏は、「松本案」を作成した。それは依然として、天皇権力主義のものであった。敵国はそのようなものを承認するはずがなかった。

占領軍総司令官は、幕僚に命じて、日本憲法の草案を起草せしめた。それは占領軍としての、権利であり、適法の行為であった。それは、ポツダム宣言承諾に基く、敵国の確実な権利だからである。若干の智能ある米人は、草案を作成した。但し、旧憲法と同じ順序により、各条を制定した。そして、それを日本政府に示し、それに基いて、「新憲法を制定すべし」と、日本の内閣に命じた。その事情については、米人記者マーク・ゲーンの『ニッポン日記』（一九五一年）に詳記してある。

日本政府は、米人の原案を日本語に訳して、それを議会に提出した。議会は、五十余日の討議を経て、それを「日本の憲法」として、議決した。即ち、人民代表の意思をもって、それを議定した。「人民の総意」をもって、新憲法案は成った。それを、天皇が裁可し、内閣大臣が副署《ふくしょ》して、人民に公布したのである。昭和二十一年（一九四六年）十一月三日のことである。

かくして、日本憲法は確立した。理論上、日本人が作った日本の民主憲法である。外国人から押しつけられて、そのままに、服従し、公布したようなものではない。

だが、日本人の中には、新憲法は、日本人民が作った憲法ではないなぞと、唱えている人がある。これは、盲目者か、迷信人か、法理を知らない人かである。日本憲法の「前文」には、「日本国民は……この憲法を確定する」と、明記してある。この前文を、読めない人、または読まない人は、日本憲法は、「日本人が作ったのではない」というのである。

また「われらは、これに反する一切の憲法、法令及び詔勅を排除する」と書いてある。日本人は、自ら、この民主憲法を制定した。そして明治憲法や、いわゆる「神勅」や、「軍人への勅諭」

や、「教育勅語」なぞをことごとく「無効」と宣言したのである。即ち天皇権力主義に属する一切の規則を、全然廃棄したのである。迷信者は、感情をもって、この「前文」に反対するけれども、それは、不法の反対である。新憲法に不満の点がもしもあるならば、人民は、改正の手続を履んで、改正すればそれでよいのである。憲法に、それが明記してある。永遠不変の憲法は、有るはずがないのである。

3 「前文」には矛盾がある

デモクラシー（民主）の国に日本をするためには、「主権は、国民（ネーション）に存す」と定め、「その主権の行使は、人民の代表によって、これを為す」と、規定することは、絶対的要件である。フランスの「人権及び市民権の宣言」第二条に、その理が宣言されて以来、これはデモクラシーに関し、世界に通ずる定義となっている。それだから、日本の新憲法に、此の理を明記したことは適当である。しかし、それを「前文」に記載し、本文の初めに、堂々と規定しないのは法文として適当ではない。民主主義の憲法としては、天皇の章に先だち「主権は国民の中に在ること」を、先ず規定すべきである。衆議院において、固くこの理を主張し、米人の案に基く政府案を修正しなかったことは、旧式議員が、多数を占めておって、ポツダム宣言に関する研究は足らず、新時代に生き残りながら、旧時代にあこがれていたためであろう。また「前文」において、「主権は国民に在る」との法理を、挿入明記するに際して、其の理由として、「政府の行為によって、再び戦争の惨禍が発生しないようにすることを決意し」とあるのは、理義明確を欠くのきらいがある。なぜならば、戦争は、天皇の宣戦によって生じたのであり、「天皇に宣戦の権を認めまた「軍統帥権の独立を認め来った」がためであるからである。明治時代以来、大きな戦争は、数回行われた。その戦争は、自衛に出で、日本の勝利に終り、議会はその都度天皇を讃助し、人民は、政府を謳歌し、また天皇は、自らその功労を、内外に向って、ほこっていたのである。今回の戦争は、初めから、不法無謀であったけれども、議会は、あいかわらず、天皇の支持者となり、ただ天皇の命ずるところに従って動いていた。日本が全然敗北するにおよんで、政治家が、積年の態度を一変し、「主権は、国民に存す」ととなえ、他方には、「国体護持」を叫んだことは、我日本の政治家に、民主に関する研究と信念とがなく、米国依存の俗人の集りであったものと国民にはおもわれるのである。「国体護持」と、「民主は、人類普遍の原理である」との「前文」の文句とは、調子のあわない文句であるのを、看過し得ない。「前文」中のこの修正された部分は、不適当な場所に、不注意に、「主権は国民に存する」との文言を、挿入したことから、生じた不調子である。むしろ米人の作った原案の文を、そのままに存置していたなら、文意は、明瞭であったと思われるのである。

「前文」の中に、「我らの安全と生存とをあげて、世界の諸国民の公正と信義とに委ねる」との言句があった。この原案の文言は、日本民族は、自己の安全と生存とを、保持する能力がなく、あげてこれを他国民に委ねると云うのであった。これを法律的にいえば、日本民族は、自衛権を棄て、他国の保護に依頼する、と云うことになるのである。同一の「前丈」の中には、「主権は国民に存する」と豪語しながら、其の主権の一部は、これを棄てるというのである。「主権は、国民に存する」ということは、「戦争を為さない」という事であるならば、それは、甚だ奇怪である。国民自らが国民の主権を、確保して、国民を守護することが、「主権は国民の中に存すること」の、重要の意義でなくてはならないはずである。国民に主権が存するということは、「他国の保護国となること」であってはならない。この「前文」は諛いを、敗戦国日本が、世界の勝利国に、呈する卑怯の文字のように見えた。憲法の確定の際に此の欠点は改められたのは、われらの喜ぶところである。同「前文」の中には、「名誉ある地位を占めたいと思う」との文字がある。名誉ある地位は、自主独立の国であって、初めてえられる。自国の安全を、自ら保持する意思と能力とのない国民は、名誉ある地位をえられるはずがないのである。自国を守る武力のない国民は、国際連合の一員となる資格をも有し得ないのである。それだから、この「前文」は、前後矛盾し、法理家には、理解しえないところとなるおそれがある。

「前文」の中には、「自国の主権を維持し、他国と、対等関係に立とうとする各国の責務であると信ずる」との言辞もある。もしもこの文意は、「日本も、他国と、対等関係に立とうとする」と云うことであるならば、前述自衛権の放棄は、これと全く矛盾するのである。独立の日本は、自主、独立、自衛の国であるを要するのである。ポツダム宣言には、その通り認めてある。

また「前文」には、「日本国民は、国家の名誉にかけて、全力をあげて、その高遠な理想と目的を達成することを誓う」との文言がある。どうして、この誓を達成するのか。「誓う」とは、誰に向って、誓うのか。世界に向って誓約するのか、或は弄文的形容文字か、理論としては、不可解である。

　要するにこの「前文」には、矛盾がある。不可解の文言がある。理論家としては、このような「前文」を以て、「人民の総意」で作った憲法の「前文」と認むることを、躊躇せざるをえない。我らの民族は、ポツダム宣言に明示してある通り、「奴隷となるもの」ではない。断じて「解体せしめらるるもの」ではない。ポツダム宣言には、このことが、明約せられてある。日本と約束した敵であった連合国人は、ポツダム宣言を無視する権利を有していない。敗戦後の日本の内閣人や、政界人は、甚だしく卑下であった。連合国人としては、定めし、賤んだことであろう。永遠に非難さるべき世界的の一事実である。

4　主権は国民にある

「憲法上から観た民主主義」は、憲法の「前文」と第一条とに、明記してある条文によってのみ判定することができる。その点の理解が、今の一般日本人には大いに欠けているのが、事実である。それであるから、この民主主義の問題については、常に社会上に、誤解や混乱が生じ、民主日本国の人民でありながら、民主主義を呪い、「天皇権力主義」だの「国体明徴憧れ」の呼び声だの、「皇室中心主義」だのがあちこちに唱えられたり、それが、事ある毎に、公然として実現されたりしているのである。それは「国の組織《コンスチチューション》」を覆えす憂えが多分にある狂乱的情態といえるのである。今の日本人は、その点において、甚だしく真面目を欠いている。

憲法「前文」には、「主権が国民に存することを宣言し、この憲法を確定する」と、明記してある。そして憲法第一条には、「この地位は、主権の存する日本国民の総意に基く」と明記してある。二者は何れも、その文意は明白である。

「主権」とは、「最高の権力」である。「国を治める力」である。「統治権」という文字を、旧憲法は用いていた。旧憲法によれば、天皇が、統治権者であった（旧憲法第一条）。そして天皇は、統治権を一身に総攬していた（旧憲法第四条）。だから、主権は、「天皇に在る」と解釈されていたのである。新憲法は、旧憲法とは、全くその点は異るものとなった。天皇には、「主権は全くない」ことに定められた。そして、主権は、「国民（人民、民族）に存在すること」に、改ったのである。この法理は、一七八九年の仏国の有名な「人権宣言」によって、世界の人類に告げられたものであって、「人類普遍の原理」といわれ、日本憲法は、その通りに、「前文」をもって認めているのである。「民主」ということに関して、右の理論が、日本人民の間に、完全に理解せられることが、先ず今日の日本の急務である。

旧憲法時代には、日本は、「君の御代」であった。「君が代」の古歌は、明治憲法下の天皇の治世には、よく合っていた。そしてそれが、六十年にわたって、日本人民により国歌として謳われた。それは全く、明治以来の新しい事実である。それより以前には、そのような事実は、日本にはなかった。「国歌」は、西洋の真似であって、日本民族固有のものではない。「民主日本国」は、断じて「天皇の御代」ではない。強弁して、それを「君が代」と呼ぶ人があるならば、その人は、便佞の人であって、正義心の欠けた人である。その種の人は、民主日本を呪い、過去の「天皇の権力」を、あこがれる人である。それは、民主国の大義と名分とを、理解しない人である。それは、民主主義の覆滅を企図する人であり、明かに、国礎の破壊者であって、誠実な日本人ではない。その種の人が、現に日本には今なお沢山いる。危険な世態である。

道徳の根元を、天皇に置くべし、と唱えた人も、今の日本には存在する。それは、道徳論であって、法律論ではないように見える。けれども、それは、過去に行われた天皇権力主義である。すなわち天皇を人民道徳の中心に置こうとする方策である。従って、一種の術策であって、民主日本の信念を脅かし、人民を迷わしめる。従って、それは社会に害毒を流す説である。それは明かに、憲法上の民主を動揺せしめる。今日の真面目な、日本人は、そのような危険な主義を、看過すべきものではない。

保守党人は、降伏時日本においても、「国体国体」の言を好んだ。その「国体」というのは、「天皇は統治権者である」という意義である。それは、民主日本の覆滅論である。それは、憲法上は勿論、道義上にも、ゆるすべからざる危険な主張である。そのような主張を看過することは、附和雷同して、徒らに共産主義を恐れる迂愚に比して、遙かに、危険なまた狂愚な事態である。その取締りこそ肝要であろう。

今日の一般の公務員は、旧習に慣れ、恬然として、「君が代の国歌」を公衆の前に謳う。教育家中にさえも、その種の人が非常に多い。それらは、時代錯覚者である。民主を呪咀する危険思想の持主と論じ得る。真面目の日本人は、この事態を悲観せざるを得ないのである。

民主主義を、正確に理解しない人が、不幸にして、日本にははなはだしく多い。それらの人は、民主主義をほしいままに解釈して、「平和主義」だとか、「平等主義」だとか、「平民主義」だとか、「自由主義」だとかと解し、すべてかたくるしくないことを、民主主義だ、と唱えている事実である。それらの人は、主権が、一人の天皇に在ろうとも、あるいは若干の貴族にあろうとも、また内閣大臣共にあろうとも、全くそれを問わないのである。それらの人は、旧のままに、天皇を「主上」として尊崇し、「天皇は神の子孫である」とし、拝礼し、それが、「何故に、民主に反するのか」と、傲然反問し大威張りである。一知半解のこの種の人は、新憲法を、よく研究し、深く反省して、一切の迷信や誤謬を洗い清め、「真の民主日本国の人民」となることが、緊要である。通俗的の読物には、その人の主観により、民主を、色々に勝手に解釈して、自ら満足している風がある。それはその人の自由であろう。だが、それは、憲法上に認められている民主主義ではない。

憲法上、日本の民主主義とは、憲法条文が明記するところによって、理解し、遵奉し、完成すべきものである。即ち主権は、国民に存するのである。国民が主人であるのである。

Ⅳ　民主憲法と天皇

1　天皇は国の「しるし」に過ぎない

現行の民主日本憲法は、その第一章に、天皇の権利義務を規定している。それは、民主憲法としては、適当の順序をもって、書かれてあるとは云いえない。けれども、主権は、人民と共に存在し、「天皇は、統治権を有していない、ということ」を、その第一条をもって明白に規定しているのである。そして、天皇の地位は、旧憲法時代の「告文」にあるように、「神勅」というような非科学的な、且つ想像的な作為によって、定められたのではないことを明かにし、「主権を有する今日の日本国民の意思」によって、定められたものであることを、明記してある。即ち民主主義憲法であることが、第一条をもって、明記してあるのである。

けれども、第一条には、「象徴」という新らしい難解な漢字が使用してある。その文字の意義が、あいまいであり、従来法律上に、その文字が、使用されたことがないがために、世人をして、大きな誤解を抱かしめるような悪い結果を生ぜしめているのである。「象徴」という文字は、日本人が、英文の「シンボル」という文字を、平易に訳さずに、堅くるしい漢字をもって、訳したものである。訳した日本人側の過ちであった。簡明に「しるし」と訳せば、もっとも適当した文字であったのである。シルシは軽い語辞である。

マーク・ゲーンの『ニッポン日記』は、正しいものと、世界の人は認めている。米国政府も、その日記の中の日本憲法制定の経緯についての記事に関して、かつて反対を表明したことがない。その日記の示すところによれば、新憲法は、明治憲法と、便宜上、規定の順序を同一にしたと書いてある。それであるから、新憲法の第一条は、旧憲法の第一条に対して、作られたものと見るべきものである。旧憲法は、第一条をもって、「天皇は、日本の主権者であること」を表示してあったのに対して、新憲法の第一条は、「天皇は日本の主権者ではないということ」を、規定したものと、解釈することが、適当である。

　新憲法の第一条は、英原文の訳である。それであるから、英原文の研究が、日本人として必要であることは、いうまでもないことである。その英原文を、研究するときには、第一条は、日本文の第一条に比して、はるかに、明白の規定となることを、日本人は、拒み得ないのである。そのことを理解することが、先ず肝要である。

　英原文を直訳したのが、今の日本憲法の第一条である。ほんらい日本人のための憲法である。直訳は避く可きものであった。意味の明瞭な翻訳となして、日本人に、少しの誤解をも生ぜしめないように、努力すべきであった。それが欠けていたのである。

　英原文を翻訳すれば、左のような規定となるのである。

第一条　主権は、国民の中に存在し、天皇に、主権はない。
天皇のこの地位は、主権を有する国民の意思から生ずる。
天皇は、国および統一国民のシンボル（しるし）とする。

右の通り翻訳したならば、「前文」と、「第一章の全規定」とは、対照して、好く権衡《けんこう》はとれるのである。「象徴」というような、むずかしい、不明の漢字を用いたこと、大きな過失であった。民主国とあらたまった日本において「象徴」の文字を「代表」と同じ意味のように認識し、天皇を、国の「代表」の如くに、説こうとすることは、民主国への反逆解釈である。それは、日本国の組織の破壊である。そのような曲解は、主権ある日本の人民として、ゆるすべからざることである。それが、今日の日本人の唱うべき大義である。

「象徴」という文字は、文学上に又は新聞の記事に、よく用いられる。それを、憲法上の解釈用に借用するのは、危険極まる過誤を生ぜしめるおそれが大いにある。人民は、その混同視を慎むべきである。それは、民主を亡ぼす危険があるからである。

天皇は、象徴即ちシルシ（シンボル）である。権利主体ではない。「シルシ」は、国の「元首」ということではない。法律上の用語として、元首は、「ヘッド」という文字をもって、表現せらるべきものである。新憲法上の日本天皇は、シンボルであって、ヘッドではない。即ち元首ではない。天皇を、元首と解釈しうる法的基礎は、全くないのである。今日の天皇は、憲法上、人民の上に、君臨する人と解釈しうる根拠がない。人民の上位に立て人民を支配する権力が全くないのである。そういう権威は天皇にはない。憲法によれば、上述の如くに人民により、天皇の地位は、定められたのである。その天皇が、人民の上位に立つ権威のある理由がない。天皇の地位を定めた人民の方にのみ権威がある。主権の備っている国民が、主権のない天皇の下位に、置かれるというならば、それは、本末転倒の見解である。憲法上の解釈としては、感情は有害無益である。法理をもって、解釈すべきものである。「前文」には、明白に「権威は国民にある」と記載してある。

天皇は、人民の外に存在する人ではない。日本国民の中の一人の日本人である。「一天万乗」とか、「雲上の人」とかといわれた古風の見解は、今の憲法では成立しない。それは民主憲法上の解釈である。

今日の天皇は、「神聖」のものではない。「不可侵」のものでもない。そういう規定は、憲法上、一つもない。そういう規定のあった旧憲法は、新憲法に反するものである。従って廃止されたのである。「不敬罪」と称する刑罰は、そのために、つとに無効になっている。天皇は、人間であると定められた。だから、人間としての尊敬以外に、とくに、天皇に対しての尊敬なるものは、憲法上には、全く規定していないのである。

天皇の位は、世襲と定められた。だがそれは、国民を代表する国会に於て、議決された「皇室典範法」により、認められた天皇の権利である。即ち「法律の範囲内の天皇の権利」である。天皇の絶対的の権利ではない。「祖曾《そそう》が定めた」というのではない。

天皇は、憲法に定めてある「若干の国事」について権利を有している。しかし、それを行うについては、天皇の自由の意思のみで、それをなすことはできない。憲法上、それを行うには二つの条件が附けられてある。（一）人民のため、（二）内閣の助言と承認である。「大権」などと、それは呼ばれうるものではない。唯単に、手続上の行為のみである。

憲法によれば、天皇は、「国政に関し、権能を有しない。」と規定してある。その国政に関してとの文句は、英文によって見なければ、判明しない。英文によれば、「行政《ガヴァーメント》に関する事項」である。即ち立法や司法には、全く関係のない事柄である。天皇には、「国の行政権を行う権利」がないのである。行政権は、「内閣にある」と、憲法は、特に明記しているのである。

天皇は、皇室の代表者として、財産を所有する権利がない。天皇一人として、その身辺に有する財産については、権利があると、解釈されている。

天皇は、「外国王の戴冠式」に、出席する権利はないものと、解釈される。それは、戴冠式は、西洋の歴史上、「一外交上の行為」だからである。それは、「大使公使の接受」とは、異る。その「接授」とは、レシーヴの訳である。「接待」と同じことである。接待はまた、天皇が、「儀式を行うこと」ではない。だから、憲法上では、天皇が、外国王の戴冠式に、出席する権利はないと、解釈せざるを得ない。従って皇太子は、「天皇の代表」として、外国の戴冠式に、出席する権利は有りえない。皇太子自身には、憲法上、国を代表して国際社会の伝統的な重要外交に、与る権利はない。皇太子は、日本を出発するに臨み、「重大の任務を帯びて、渡欧する」と、声明されたのは、憲法上、適法と見ることができない。それは内閣の責任問題である。

憲法上、今日の天皇は、「若干の手続上の国事を行う権限のある人」に過ぎない。それは、「特殊の公務員」と解釈するのが、適法である。

天皇の住居は、憲法上には、定めてない。それについての特別法も出ていない。旧来の居住は、主権者として、所有していた広大な居城であった。天皇は、今日は主権者でない。従って、同一の住居を、天皇の占有に委することは、法理上不当である。降伏後「皇居」と改名された広大な不動産は、憲法上、天皇の所有物ではない。「国民の所有物」である。

皇室の旧財産は、憲法をもって、すべて、国有に移されたのである。「国有」とは、「国民有」ということである。国民有財産の処理経営は、人民の代表である国会の議決をもって、定めることが、民主憲法上至当である。然るに、皇居については、「皇室経済法」により、「皇室経済会議の議員の議決」により、定められている如くである。ただし、果して、その手続が行われたかを知らない。今日の皇室は、「主権者の家族」の一集団ではない。旧憲法時代の皇室とは、全く法律上の内容を異にした一つの家法人である。その皇室用のために、「国民有の財産」を供用する場合には、民主国の性質上、国会の決議に附することが、適法である。皇室経済会議は、人民を代表するものではない。高級の公務員僅かに八人の会議に過ぎない。それが、国民有財産の処理を、討議したり、決定したりすることは、民主日本の法理に、全く合わないのである。

天皇の住居は、今日の天皇の地位に適当するように定めることが、民主日本人の憲法上の権利である。主権を有していなかった期間、即ち少くとも、七百年の武家封建時代の天皇は、歴史によれば、広大なる居城を有していたものではなかった。この積年の日本の歴史は、今日の日本の天皇も一般日本人もよく知っている。今日の民主時代に、右の歴史を全く顧みないことは、正直な政治とはいえない。今日の日本は、甚だしい貧国である。四等国といわれている。無数の人民は敗戦に原因し住居の不足に、痛く苦しんでいる。この貧国日本において、天皇の住宅のみは、「旧時のままであるべし」というのは、政治上、社会上、不合理である。その不合理を支持する人は、便佞《べんねい》人たるを免れまい。そしてそのような佞言は、民族への嘲侮となるのであり、違憲である。

天皇、皇太子等には「敬称」が定められた。ただしそれは、憲法にはない。唯単に、法律で定めてある。即ち法律による天皇の権利である。それは、歴史上のものでもない。今日の日本人は、「皇太子さま」と呼び、殿下といわないのが、一般である。何人も、それを不法だの、不敬だのとして論じ立てない。日本の封建七百年の習慣法では、陛下だの、殿下だのとは、人民はいわなかった。王朝の大宝令に、往時その規定があったところで、永年の慣習法は、それを取消していた。だから、それらの敬称は、歴史上の称呼とは、いえないのである。

或人は、「外国の使臣は、天皇に信任状を提出し、天皇を、陛下として尊称している。即ち天皇を、元首として、取扱っているではないか」なぞと説いて、自己満足している。それは、唯単に、外交官の外交辞礼に過ぎないのである。外交官の外交辞礼のみを見て、「天皇は、元首である」と解釈するなぞは、「国の組織は、凡て外人の挙措だけで定まる」という議論である。それは、売国論に近い。それは卑怯な言論である。或人は、「元首は、国際間の認定の問題である」なぞと云っている。「国際間の認定」は、国際法そのものとなるのであるが、国際法には、「元首は、国際法の定めるものだ」なぞという、奇怪な法理はない。元首《ヘッド》は、国内法の問題であること、いうまでもない。憲法に、元首として即ち「国の首長」として規定してある場合には、外国使臣としては、その憲法に依り元首を、尊重する国際法上の義務を有している。元首とは、「国の首長」ということである。少くとも行政の権力を有して、人民の上に立っている「不可侵の人間」のことである。元首は、立法権もあわせ有しているのが、一般である。少くとも、行政権を有している人である。それは、憲法に必ず規定してある（ベルギー、イタリー、ポルトガル、エストニア、ブラジル等）。「国王の身は侵す可らざるものとす」という規定のあるのが、「即ち国の首長」であることを、明示した文句である。上述のように、特に、「元首」という文字を、用いたのもある。何れの王国憲法にも、「元首の不可侵」は必ず明記してある。一国の首長であるか或はないかは、国内法の問題であって、国際法の問題ではない。外国使臣の認定によって、元首の地位は定まることではない。それは、独立国の法理上、当然のことである。独立を尊ぶ日本人には、誰にでも、分る話である。

日本の旧憲法には、バイエルンなどの国の例にならい、「国の元首にして」と、明白に規定してあった。新憲法には、元首という規定はない。新憲法制定の際に、それが、一議員から主張せられたが、否決された。それは、元首と認めないことに定った、一つの証拠であった。行政権も、その他の権力も、全くない人を指して「国の元首である」といえる筈がないのである。憲法を無視して、天皇を強いて、元首と解することは、法理に反し常識を失している。それは、民主日本を呪う人の、故意とも云える。これらの人は、民主日本国の真面目な人間とは認めえない。

三権分立の今日の時代には、主権は、立法、行政、司法の三種に分かたれ、国王とか、大統領は、「行政権を有すること」に、定められている。君主は、同時に、立法権をも国会と共に有しているのが、欧洲憲法では一般的である。「国会と共に有している」と、規定した憲法もある。日本の旧憲法は、天皇は、「統治権、即ち主権を、一身に総攬していた」のである。その総攬の条規を知らない人が、未だ日本にはいる。憲法に関する無智である。或人は、「君主というものの本質は、身分にあるのである」と論じている。「君主という身分の本質は何か」が、ほんらいの問題であるときに、その人は、それに答える能力がないのである。君主の本質とは権力を有して、人民の上位に立っているということである。君主のその力を、主権と呼んだり、また権力と称したりして、法律家は説明するのである。君主と呼ばれる人に、もしも権力がなければ、あたかもコマ（独楽）に、シンボウのないのと、同じ形である。既に、コマではない、「一木片」となったものを、コマと呼ぶのは、低能児の言たるを免れえない。

　或人は、「天皇とは、君主という意味に外ならない」と説いている。それはただ、「文字論」として、少年の間には通りうる論議であろう。法理論は、文字論ではない。「君は天、臣は地」という条規が、昔の十七条憲法にはあった。即ち、「人臣の上位に在って、下の臣民を支配する人のことを、君と称す」との意味である。「権力なしの君主」というものは、法理上、認めえない。権力のない太政大臣というものが、京都市内に、封建時代には、永年存在した。何人も、それを、「大臣」として、仰ぐものはいなかった。それが人間の常識であった。それは公卿が有していた「名ばかりの地位」であった。今日の憲法にも、「大臣」という名の公務員がいる。それは、「天皇の臣」ではない。

　或人は、「天皇の象徴たる地位については、明治憲法と新憲法との間に、相違はない」と説いている。明治憲法には、「象徴」というような法律上の用字でない不明の文字を、使用してはいなかった。その用いてなかった文句を勝手気儘に使用して、明治憲法を説くなぞは、明治憲法のほしいままな改作である。それは法律家としては問題にならない。法律家は小説家ではない。

およそ民主国には、本質的に「君主」というものは、到底存在しえない。ただし、「名ばかりの君王」ならば、存在しうる。法律家は、混同視を避けるを要する。人民は、真面目に憲法を守るを要する。主権を有しない人を、主権者として取扱うことは、民主国人民としては自己をあざむき、民主憲法を破壊する不法の態度である。

日本の憲法は、民主国憲法である。旧のような帝国憲法ではない。皇国憲法でもない。これは、今日の日本の人民及び世界人類の認識である。日本人民の総意であり、日本と講和した全世界の確認でもある。講和の条約文に、日本の民主は明記してある（講和条約第一条(6)）。

人（例えば、美濃部達吉）あるいは、「国民の統一が、天皇の御一身によって表現される」とか、「天皇の御一身が、形体的に、国家の現われであると看做さるることを意味する」なぞと説いている。この説は、法律家の解説とは、見ることができない。あたかも迷信家の説のようであるといえる。また小説のような文句ともいえる。全然分らない説明である。

また同氏は「天皇は、国または民の代表である」と説いている。民の代表は国会である。今日の天皇は、「国の代表」ではない。そんな条規は、今日の日本憲法にはない。そんな解釈の生ずるような条文は、憲法に一つもない。それであるから、同氏の説は価値の全くない説である。国民の代表は、憲法の明文により国会である（憲法第四十三条）。

また同氏は、「天皇は、国の形体的の代表である」と説いている。形体的代表とは、法理上全く不可解である。あたかも天皇を、「一つの物」として見ている説でもある。天皇は、人間であって、物ではない。それは、天皇に対して不法の言となる。

また同氏は、「天皇は、エンペラーと、英文では書いてある。だから、天皇は、君主に相違ない」と説いている。この見解は、憲法上、内閣の首班は、「総理大臣」と書いてあるから、「大きな臣」（家来）であると、傲然として主張している吉田茂氏と同じ説である。「大臣」という用語があるから、天皇の臣下であると論じて見たり、英文にはエンペラーと書いてあるから、天皇は君主に相違ないと説いたりする人間は、法律家とは云えない。中学生程度の貧弱な智識の持主に見える。

また或人は（例えば昭和二十六年四月十一日の「時事新報」夕刊の社説）、「天皇の尊厳は、新憲法において、少しも影響されるものではない。いな天皇は、日本国及び日本国民統合の象徴として、むしろかえって、大いにその尊厳を加えたのである。天皇に対して、不敬無礼の行為をなすものは、日本国及び日本国民自身の尊厳を侵すものに外ならない。かつて天皇を、国民から引き離して、天皇は神聖にして侵すべからずと云ったものよりも、日本国及び日本国民の象徴としての天皇の尊厳こそ、内容的にも、実質的にも、最高至上のものとなったのである」と論じている。この論は、憲法の前文も第一条も、第四条も、第七条も、全然見たことのない人、またはそれを読んでも、その意味が分らない人の無責任な放談であると云える。天皇から、統治権を取り去り、財産力を取り去り、それでますます尊厳が加わったというのは、常識論とも云えない。天皇が無権力となって、内容的にも、実質的にも、最高至上のものとなったと説くのは、常識を失った見解と云える。この説は、「天皇即国家」説である。「シンボル」と「権力」とを、同一に見ているとも云える。民主国の人民でありながら、その人民の地位が、全く分っていない人の説である。

或人は、「民主日本」を尊重しそれを基準として、法理により、天皇の憲法上の地位を解釈している人を、「乱臣賊子」と罵っている。それは、民主国日本人の大義名分を知らない人である。それは、憲法の解釈を離れて、公然民主日本の覆滅を企てている人といえる。そういう人こそは、今日の民主日本の乱民である。その人の悪口は、その人自身に、向って叫ぶべきである。

一九五三年の開期中、国会において、「皇室費の増額」に関し、首相の吉田茂氏は、「皇室は、国民の象徴である。国家の体面と地位が向上すると共に、皇室費が増して、もっと、象徴たるの地位を維持するということは、当然である」と答弁したそうである。この答弁は、「象徴」という文字を、「国の代表」と解釈しているように見える。あるいは、「国の対象」という文字のように、考えているように見える。それは、見のがし難い甚だしく危険な答弁である。「国の対象」という文字は、日本の憲法にはない。「国の代表」という文字が、憲法にあろうはずがないのである。吉田氏の答弁は、憲法第一条の明文を無視して、新らしい文句を、ほしいままに作り上げ、それを述べているのである。それは、憲法の不法な改作である。そんな改作権は、吉田氏にはない。吉田氏は、「象徴たる地位」と述べている。「象徴」とは、「しるし」という軽い文字である。「しるし」は、地位ではない。吉田氏は、「天皇の憲法上の地位」を、法律的に理解する誠意がないことを示している。天皇の憲法上の地位は、上述したように、「権力のない人」ということである。「主権は人民にあって、天皇にはない」ということが、憲法第一条に、規定してあるのである。「象徴」という文字は、「シンボル」即ち「シルシ」の訳字に過ぎない。「シルシ」は、「地位」ではもちろんない。それは知れきったことである。吉田氏は、「国の地位と体面が、向上すれば、天皇の体面と地位とが当然に向上するもの」と説くのである。同氏は、映画と同じように、憲法を見ているもののようである。余りにも、政治家として不明な表現である。憲法上、天皇の地位は、無権力である。「国政に関係する権利のない人」と定めてある。だから、国の地位が、向上したところで、天皇には影響がないのである。国が富んだからとて、天皇が富むのではない。「象徴」とは、「反映」という文字とは違うのである。「国の象徴」とは、「国土の現象が映る形」ということではない。「統合国民の象徴」とは、「八千万人が統一された形体の反映」ではない。

法律には、そんな映画の解説のようなことは、書くべきものではない。前述した通りに、「シルシ」とは、法理上「権利の主体ではない」との意味の文字と解すべきものである。吉田氏の説のように、天皇を見るならば、天皇は、甚だしく位置の不定なものであって、「国の体面」によって変化することになる。そしてその体面というのは、それもまたどんな内容のことをいうのか、分らない。吉田氏の説は、不可解である。憲法第一条は、そのような不真面目のものであってはならない。日本人は、法理により、確実な解釈を下して、主権在民の国の組織を、動揺せしめないようにすべきものである。

上述した通り、軍人に賜った「五ヵ条の勅諭」には、「天子は、文武の大権を掌握するの義」と書いてある。「文武の大権のない天皇」は、天皇という名はあっても、「天子ではない」という理論を説かれた、勅諭である。唯単に、シルシであって、権力のない天皇は、「天子」という身分の人ではない。国の地位や、国の体面と、今日の無権力の天皇とは、法律的関係が、全くないのであると解釈するのが、正しい日本人の主張でなくてはならない。天皇に媚を呈することは、道義上、正しい日本人ではない。そして、それは民主国日本の良民ではない。

吉田式の見解によれば、世界の五大国の一であった日本大帝国の天皇は、世界の四等国となった日本の天皇とは、大きな差異があるとの見解でなくてはならない。従って、天皇は、その生活費を大いに縮少し、その住居を大いに縮少し、国の体面と、国の地位とに、相応するものに改むべきものである。それが理論である。それならば、なぜ、天皇の住居を、依然として、宏壮な旧宮城に置いているのか。また一千八百万円というような巨額の皇室経費を、なぜ縮少しないのか。その点は、全然辻褄が合わないではないか。

吉田式の論法をもってすれば、「天皇権力絶対主義の日本国」が、その体面を激変して「民主日本国」と革まり、「天皇は権力のない人」と確定した時代には、天皇の休面は、したがって激変するを要すべきものである。それであるから、敬称を廃止し、旧の計を刷新し、旧来の住宅を大いに縮小し、旧体一変ということになすのが、日本人としての論結でなくてはならないはずである。

吉田首相のいうところは、何らの理論もない。それを聞いて沈黙している政治家も、また無能であるか、または無責任である。保守主義の内閣人は、矛盾したことを、国会で述べている。国会の保守党は、その矛盾論を支持している。反対の政党は、この不法と矛盾を、そのままに聴いて、即時にその不法不当に対して反駁しない。それでは、日本の行政は、「憲法及び法律の執行」ではない。極めて乱脈なものである。憲法第七十三条に全然違反している。

誤った天皇論は横行し、直接の憲法論議ばかりではなく、あらゆる面から登場している。「君が代」問題なぞは、その代表的なものである。私はそれについて、一新聞に次のような投書をしておいた。

文部省側の言い分によると、「君が代も、自然に愛唱するならば、かまわんでしょう」とある。「自然に愛唱」とは、分らない表現である。意識なしに、人間の口から、君が代が、飛び出すというような奇怪のことが、日本人にあり得るのか。日本人は気が狂っているというのであるならば、それは国民侮辱である。

民主日本が国是であることは、総ての日本人が知っている筈である。「君が代」に憧れ、君が代を歌うのは故意に、民主日本を愚弄することに相違ない。それは、明かに、破壊活動である。

文部省は、これを放任するならば、民主破壊の支持となる。それでは、憲法違反の公務員と解釈されざるを得ない。「かまわん」と云えない。君が代の国歌は、君が代の万代に栄えることを、計画して作られた歌詞ではないか。旧憲法第一条を、歌詞にして、日本を君権万能主義に固めるための政策から生じたものではないか。

今日の憲法では、天皇は主権者ではない。「主権は人民に在る」、と第一条は書いている。そして天皇は「唯、シルシたるに止まる」と明記してある。文部省は、その条文を変更する権利を有していない。シルシとは、代表とは似ても似つかぬ軽い文句である。

「象徴」と訳した所で、シルシの本質は変えられない。象徴の文字を曲解して、日本の民主を破壊することは、憲法違反である。国民は真剣に考え文部省の反省を要求しなければならない。

2　国際法から見た天皇の位置と責任

戦時国際法には、「国の主権者不可侵」という規定は、設けられていない。主権者に、戦争犯罪の行動があったならば、その主権者に、制裁を科するのが原則である。国際法には、制裁規定がなくてはならない。それなくしては、国際法の権威は立たない。第一次大戦の終末時に、カイザーの処罰は欧米人の輿論であった。私も、カイザー処罰論者であり、私の意見は仏国から書面をもって日本の内閣大臣に提出した（拙著『興亡五十年の内幕』に書いてある）。

第二次大戦においては、戦犯主権者の処罰は、世界の確定議であった。そして国際軍事裁判は、欧洲でも日本でも開かれた。世界文明の顕著な現象である。人類を挙げて悦ぶべき事実である。ポツダム宣言は、一方的の宣言に過ぎない。だが、その宣言の全箇条を承諾して、「降伏した日本」は、その宣言に基き、世界の列国と、厳粛に約束を結んだものであり、それが日本国を拘束するのであることは、何人にも異論のあろう筈のない理義である。約束は反古紙視してはならない。ポツダム宣言には、「日本に責任政治を行うこと」、「日本を民主国と改めること」、「戦争犯罪者を厳に処罰すること」が規定してある。

この約束に基づき、日本の天皇は、世界人類に対して、「責任を負う人」となられたのである。国内の日本人に対しても、「天皇不可侵」は、自動的に消滅したのである。

国際裁判所は、天皇責任問題を取扱った。「厳に処罰すべし」と主張した国もあった。日本人としても、学者は「天皇に責任あり」と論じ、日本の学者の良心を、世界に公明に表示した。南原前東大総長はその主たる学者であった。尊い。

日本国を、「盗国」だの「積年の侵略国」だのと、全世界に宣伝した米国は、自国の占領政策の都合上から打算して、その主張をにわかに変えた。そして、キーナンは、「天皇には、戦犯の証拠がない」と公言し始めた。そしてマックアーサーらの軍人も、それに加わり、天皇を、裁判から無関係にした。近来《きんらい》米国の外交は、全く一貫しない。米国は、信念の欠けた国であることを、度々世界に告白している。当てにはならない。

大東亜戦争は、「木戸日記」に、「午後二時、御前会議開催せられ、ついに、対米戦争の御決定あり」と（十二月一日の木戸日記）明記してある通り、天皇が、統治権者として、また軍の統帥権者として開戦を命ぜられたのである。開戦の意思は、天皇の自由意思であったことを、木戸は証明している。キーナンらは、この証明を故意に無視して、世界を欺瞞した人間と、公正の人間は判断せざるを得ない。「宣戦の詔書」は、天皇が自由意思で出されたのである。「大東亜の建設を嘉《よ》みす」との詔書は、天皇が、議会に向って、自ら示されたのである。彼の真珠湾の攻撃は軍の統帥権者として、行われたものと、法律上は判断せられる。大本営の設立は、天皇の命令により行われたのである。天皇は、その会議に、自ら出席せられ「明示」または「黙示的」に、軍の行動、作戦を一貫して指揮せられたのである。法理上は、この解釈が至当である。

戦争中に、日本軍の犯した不法は、統帥権者天皇の責任となることは、法理上当然である。「情報天皇に達せず」というようなことは、それが事実であるならば、軍部の人や内閣の人は、不法者である。また不臣であること、勿論であると同時に、永い間のあの戦争に関し、一貫して統治権者であり軍統帥権者である天皇は、その「怠慢の責任」を、免れることは出来ない。当時の側近者は、あのようなことを、後日に書き立てて、反って「天皇の責任」を、大きく証言しているのである。

戦犯被告人は、その初め、一人残らず、法廷で自ら無罪を主張した。それは、余りに卑怯であった。「戦犯者である」と、自ら進んで、公判廷に、人間らしく唱えるのが、文明人であった。あの不法残酷な大戦争を敢行した以上は、国際法上の責任を負うのが、「文明」であった。刑の軽重は、また別の問題である。彼らは、国際法を軽侮していた。また人間の道義を守る誠意を有していなかった。

弁護人としては、犯人のために、極力弁護するのが任務である。従って種々の理くつをつけて、被告人を弁護した。弁護人の狙いは、「犯人は共謀者でないこと」、「犯意犯行は連絡のないものである」という点であった。だが、戦争は、一人の天皇が命令された。その天皇は、一貫して軍統帥権者であった。終始一貫して、天皇の統帥下にあの戦争は行われたのである。その間に、内閣が幾度変ろうと、軍部の要人が幾人変ろうと、それは「戦争の一貫」には、関係のないことである。戦争の犯意は一つである。戦争犯罪は、法理上完全に成立している。この理を解しない人がいるならば、その人は法律無智者か、頑迷の時代錯覚者か、迷信者か、到底世界の大戦争問題を、論じ得る文明人ではない。

戦争に関して、「法律上責任がある」ということと、その責任者を、「どう取扱うか」の問題とは、別に論ずべきことである。死刑もある。徒刑もある。追放もある。その他種々の制裁方法がある。法理の分らない人は、「戦争責任者」といえば、それは「絞首刑を受ける人か」と、青くなって論じたりする。それらの人は、自らその不明を悟って、落ちついて、法理を研究することが肝要である。

戦争の責任を論ずるについては、その戦争に伴う事実の研究が、必要である。それは法理の裏ずけのためである。関連事である。

「大東亜戦争」は、日本民族の自衛上、やむを得ず生じたものではない。日本民族は、米国から、非常的圧迫を蒙ってはいなかった。米国から、石油の輸入が、絶える位の程度の苦痛はあった。それだけで、「自衛権上の戦争」は起し得ない。「宣戦の勅」は、その点に、虚偽の文句があった。あの戦争は、東条、松岡らの唱えた「両面作戦」、あるいはそれ以上の「進撃戦争」であった。ドイツのヒトラーに模倣して、「東亜から英米を駆逐する」、という乱暴な計画から生じていた。国際連盟を大威張りで脱退したのは、「世界、特に、英米を敵として、勝手な行動を行う」という「侵略主義」から生じたものである。私はそれを知っていたから、連盟脱退を危険となし、強く脱退に反対し、軍人や、右傾や、迷い子の論者と、争ったのであった。軍事裁判において、検察側が、連盟脱退以後、日本政府の一貫した「東亜侵略意図」を、完全に発き立て、日本政府人らの犯罪を、断論したのは、国際法上適当であった。世界はそれを認めたのである。但し「天皇の政府は、責任がある」と判断しながら、その絶対命令権者である「天皇には、責任がない」と非理論的に決めたのは、「文明の裁判」とは、いえない。濠州人裁判長ウェッブは、「天皇には、戦争上の責任はある。だが、米国の占領政策の都合上、天皇を裁判から除外したのだ」と、当時正直に公言したのである。裁判官として、その「良心に反したこと」を行ったとの自白でもある。文明の裁判とは云えなかった。

国際法の存在を信ずる人間であるならば、国際法には、厳粛な制裁規定を備えしめることを、真剣に論ずべき責任がある。学者としては無論である。その良心のないものは、不義背徳の盲者である。古風の佞人は民主日本国の良民ではない。それらは、孔子の教えた「忠」の道にも、反逆者である。不良人であると断ずる他に道はない。

3　天皇の外国大公使の接受とは何か

天皇は、「内閣の助言と承認により」、「国民のために」、「外国の大公使を接受する権利」を有している。即ち、天皇は、天皇自身の意思のみでは、大公使を接受することはゆるされない。また天皇自身のために、大公使を接受することはできない。厳格に、右の二つの条件を守る義務がある。

　外国の使臣を、「接受する」ということは、法律上どういうことを意味するのであろうか。「接受」という文字は、すでにのべたように、英原文では、「レシーヴ」と書いてある。日本の通用語でいえば、外国使臣を「接待すること」である。「接受」と「接待」とは、日本語としては、意味は同じことである。二者は別だと云う人は、英語も日本語も、よく知らない人であろう。接待することは、外交上の一つの手続である。外交そのものではない。外国使臣には、外交辞礼というものがある。その辞礼を受けるだけの手続を行うことが、天皇の権限とされている。国と国との間の外交は、内閣の権利である。憲法第七十三条の二と三とに、それが明記してある。天皇には、憲法上外交権は全くないのである。
天皇には、行政権力はない。行政権力は、「内閣に属する」と、憲法は明記している。天皇は、外国に出張して、外国の王や使臣を接受する権利はない。そういう権能については、内閣の所属公務員が行うのである。

天皇は、外国の戴冠式に列席して、外国の国王や、使臣と外交する権利を、与えられていない。戴冠式は、欧州の王国の外交的挙式である。その王家の一私事ではない。天皇は、その外交的挙式に参列する権限はない。天皇は、従って天皇の代理人として、その皇太子や、皇子を、その挙式に出席せしめる権利はない。憲法が、そのようなことを、天皇の権利として、認めていないのである。天皇の国事に関して行いうる権能は、くわしく列挙されている。それ以外のことは、天皇として、行うべきことではない。内閣は、憲法列記以外の事項について、助言だの、承認だのを、天皇に与える権限は全然ない。外国の戴冠式に、天皇が、自己の代理を差遣することは、「自己のため」とはいえるけれども、それを、「国民のために」とは到底いえない。

英国は、カイロ宣言をもって、「日本は、盗賊国である」と、世界に宣伝した。それは、事実に反し、日本民族への侮辱を加えた一つの国際犯罪と解しうる。その英国に、日本の天皇が、その代理人を差遣されて、英国の女皇を尊敬せしめられることは、それは、「国民のため」と解しうべき事態ではない。

英国の新聞紙の中でも、天皇の代理を受けるを好まないと書いて、英人に宣伝したものもあった。世界周知の事実である。日本天皇の代理は、英人の歓待を受けた事実はない。それを、「日本国民のため」と解釈することは、不可能である。憲法に違反した行為と解する他に、日本人としては適当の解釈方法はない。

皇太子は、出発に臨み、「各国と国交を修める」とか、「重大の任務を行うために、英国戴冠式に臨むのである」とか、横浜で、特に国民に向って揚言されたけれども、それは、憲法上から論ずれば、違憲であった。それは、吉田内閣の責任である。

内閣の助言なしに、天皇と皇太子とが、ほしいままに行動せられるはずがないのである。

沢山の日本人が、皇太子の行を、大騒して、見送った事実は、日本人の軽率と不信とを示すものである。そして学生の多数が、その見送りをなしたことは、教育者の不真面目さを示すものであった。教育者は、天皇と皇太子に対して、誠意を有せず、憲法に対して、軽薄な思想を有しているのである。

皇太子は、英国において、政府から、また王室から、名誉ある優遇は受けられなかった。それは、新聞の報道や、戴冠式の映画が証明している。多くの日本人は、不注意であり、また不親切であった。

大騒をなして、青年皇太子を遠く英国ロンドンに送り出し、不快な境遇に立たしめたのであった。多くの日本人は、日本が、四等国に落ちたことや、天皇は、元首でなくなったことを、知らないのであった。それらの人は、大いに自己の責任を感じ、その考え方を、改める責任がある。

4 皇族の存置は憲法上から見て適法か

新憲法第十四条には、「華族其の他の貴族制度は、これを認めない」と規定してある。「華族其の他の貴族」とは、何を意味するのであろうか。明治以後日本には、皇族、華族及び士族の三種の族があった。士族は、自らも一般人も、これを「貴き族」として認めていない。初めから何らの特権もなかったものである。それは、初めから「貴族」といわるべきものではなかった。日本において、一般に認識する貴族は、公侯伯子男の華族を指して云う如くでもあった。しかしながら、皇族は貴族たるに相違ない。法律上、一つの貴き族をなしており、貴族院に列する特権を、有しており、一般人以上の「貴き族」の人と、見られていた。法律上、社会上、「貴族の一」たることは、明かであった。それだから、「其の他の貴族」とは、「皇族」を指すものと、解せざるをえない。もし皇族は、貴族でないと云うならば、「其の他の貴族」との規定は、無意義となり、憲法の制定者は、その粗忽について、大きな責任を取らざるをえないのである。

もしも「皇族」と称する名称を廃止し、若干の人を以て、「皇室に属する家族」と、定めたならば、憲法の規定する「其の他の貴族」は、それらの人々には、適用なきこととなるのである。「摂政は、必ず皇族であることを要す」、との法律を改め、議会において、適当の人を選定することにしたならば、皇族は、必要のないものとなるのである。「摂政は、皇族に限る」と定めたのは、旧憲法に基くものである。それ以前においては、皇族でない人も、摂政の地位についたのである。この歴史は、これを無視する能わざるものである。

憲法の明文は、これを死文となしてはならない。「其の他の貴族」の文字は、死文たらしめてはならない。

依然として、「皇族」と称する貴族を、皇室典範と称する法律上に存在せしめつつ、この「貴き族」は、「憲法にいわゆる貴族ではない」ということは、「憲法の成文の無視」となるのである。

天皇を初めとして、公務員は新憲法を守らねばならない。憲法にかく規定してある（第九十七条）。

5 天皇の財産とは何か

新憲法は、「すべて皇室財産は、国に属する」（第八十八条）と規定し、また「すべて皇室の費用は、予算に計上して、国会の議決を経なければならない」と規定してある。

この憲法規定によれば、「皇室有財産」は、全然これを「国の財産」となしたのであり、皇室は、その経費を、皇室自ら決定するの権利をも有しないのである。即ち皇室には、「私有財産はない」と解釈せられるのである。

またこれを、他の規定に徴するに、「皇室に財産を譲り渡し、または皇室が、財産を譲り受け、もしくは、賜与することは、国会の議決に基かなければならない」（第八条）と規定してある。

この規定によれば、皇室は、私有財産を有している如くであり、私有財産を受授しうるが如くに解せられる。

この二種の規定は、矛盾している。皇室は、国の財産を、他に賜与する権利はない。国民は、主権者である。その国民の財産は、憲法を以て天皇の自由処分に委《まか》するようなことは、国民主権を侵すことである。今日において、「皇室財産を賜与する」との規定は、不合理である。

皇室は、天皇を家長となす家である。天皇を、一個人として家長となるのではなくして、天皇として、即ち公人として、家長となるのである。「皇室」は、私法上の家ではない。憲法上の存在である、公法上の一の人格である。私法上の家は、廃止せられたのである。皇室のみが、公法上の家として、存在しているのである。理論としては、不合理である。

皇室の財産は、一切、国の財産である。皇室の経費は国費である。皇室の私有財産として、皇室経費は、これを見るをえないのである。

第三者から、皇室に財産を譲り渡した場合には、それは「皇室の私有財産」とはならない。第三者が、皇室に譲り渡した財産は、「皇室用財産」となるけれども、憲法上、それは、「国有財産」となるはずである。皇室の財産とはなり得ない。

皇室は、一人格である。天皇もまた一人間即ち一人格である。天皇即皇室ではない。天皇の私有財産は、皇室財産と同一であるとは、法理上いいえない。天皇には、私有財産はありうる、天皇は一人格として、私有財産権はこれを有しうる。しかしながら、従来は、この区別なく、すべて「皇室財産」となしてあった。今日に至り、にわかに、この区別をなすことは、甚だ困難であろう。

従来は、天皇の財産は、同時に、皇室の財産であった。どうして区別するか。

政府は、「天皇にも、公私の人格があり、天皇にも、私有財産権はある」と説いている。不当の解ではない。しかしながら、政府は、ほしいままに、天皇の財産を皇室用財産に変更する権利は、これを有しない。もしもこの事について、ほしいままに区別することを、天皇に許したならば、憲法は死文となる。デモクラシー憲法は、そこに欠陥を生ずる。従来の皇室財産は、憲法に基き、すべて、即ち除外なく、これを国有財産となすことが、憲法の規定する所である。今後に皇室財産は存在しえない。天皇の財産は、国民に公表することが、憲法上必要である。

6　天皇権力主義を呼び返す日本人の不明

わが民主国の憲法に、天皇の地位は新たに上述のように定められてある。それに基いて、今日の天皇を論ずることが、日本人として正論であることは、何人としても異議ないはずである。けれども、憲法を見ない人、憲法を解く力のない人、憲法を日本民族のものでないなぞと云っている人は、唯単に、その個人の感情をもって、天皇を拝し、天皇を論じ、それが、正しいもののように唱えている。保守人にそれが多い。

天皇に対する強度の礼讃は、明治初年以来、日本人民が、明治政府の政策により、しつこく教え込まれた一般的常習である。それは「権力主義の極端な政策」であった。人民は、天皇を批判する自由を、全く有していなかったのである。

日本が民主日本と一変して以来、人民は、人間の基本人権を保障された。そして言論は自由となった。従って明治以来見なかった天皇制論が世に出ることになった。それで、社会正義が守られるのである。それで天皇の専権主義は消え去るのである。

それであるのに、一部の文学者は、「一方的の天皇観は、復古調を出現せしめる」などと、公然論じている。余りにも、理論無視の言論というべきである。それは、正論家の説とはいえない。

「天皇の個人的な所行は、皇位を曇らせない」なぞと説く人も、出てきた。「天皇は完全な人格と見るべきでない」なぞと、論ずる人さえも現われてきた。それらの論は、「君を堯舜となす」という「古人の誠忠心」を、愚弄した佞言といえる。「天子は天に代って人民を治める人」であるとの古来からの東亜に通ずる「天子の定義」を、無視した言論である。それは人間道義と社会秩序とを攪乱する説である。正論家は、その非理、非常識を指摘せざるを得ない。

「天皇の存在は、国民行動の推進力である」なぞと、論ずる人もある。但し二千年来、そのような史実があるとの証明は、その論者には全くない。唯、若干の事実を挙げて、その論証としようと試みているに過ぎない。その説によれば、少年の天皇や、狂気の天皇や、残虐の天皇や、横暴の天皇や、不倫背徳の天皇なぞが存在した時代には、「人民は行動の推進力を有していなかった」という結論になる。そのような奇怪な事実がわが日本民族にあったであろうか。古来日本の人民には、「自信も、自助も、奮起も、独立心も全くなかった」という結論にもなるのである。それは、祖先民族に対しての大きな侮辱となるのであって、不信義の言論と云える。そのむかし、蒙古の襲来に対しても、秀吉の朝鮮征伐の事件に関しても、「天皇のために」、と称し、全国の武士や人民は、戦ったという史実は、ないはずである。五十年前の日露戦争でも、三十年前の日独戦争でも、「天皇のため」と称して、国民が戦った事実はなかった。大平洋戦争のときのような軍人政治家の作った、「戦陣訓」なぞはなかった。何事にも「天皇の御稜威《みいつ》」なぞと、唱えることもなかった。「国の自衛」という国際法上の国民的大義のみが、国民により唱えられていたのが、事実である。

「都城経営、寺院建築、諸芸術、学問等、今日残存する各種の文化財を作り上げた」のは、「天皇のオンタメ」と称して、なし遂げられた史実はない。それを「天皇のおんためとしてなされた」と説く人がある。この言論は、日本人民の名誉とならない。

「天皇は、日本国民の心の故郷だ」なぞと説く人も出た。それは、その人の信仰ではあろう。だが、そんな国民的の信仰事実は、史上にはない。そんな信仰が、二千年来、日本民族にあったならば、一人でも、天皇が流されたり、殺されたり、逐われたり、押し込められたりするはずがないではないか。

日本人の言論は、正しくなくてはならない。それでなければ、日本に文明はない。健全な生活は望むべくもない。正論を排斥するならば、言論の自由は、意味を失うことになる。人間の良心は消え、学問の自由は潰え去ることになる。

日本人民は、「文化的にして、健全の生活」をなさなければならない。何人も、この基本人権を、侵す権利はない（第二十五条）。

天皇は、「日本国民の心の故郷である」というような主張は、天皇を神格化することである。「神に対する信仰」式の迷説である。それは、天皇が表現された誠実を、抹殺することであって、忠誠とは正反対の思想である。また天皇は、「国民行動の推進力だ」と唱えることは、「天皇なければ国は進歩しない」と説く説である。それは天皇即国家説でもある。それはまた天皇権力主義の宣伝である。即ち、民主の破壊である。民主国の日本人としては、そのような危険な思想を流布すべきものではない。

V

戦争の放棄と自衛の問題

1　交戦権の否認は国際法の無視である

新憲法は、「戦争放棄」の章を、設けている。この章は、果して、適法であろうか。あるいは、政治上妥当であろうか、重大な問題である。

国際法上、戦争の定義は、大要二つに分れている。「国と国との或る関係」を指して、戦争というのと、「国と国との武力の闘争」自体を以て、戦争というのとの二つの定義がある。日本の憲法に掲げてある「戦争放棄」というのは、この「武力放棄」の事をいうのであろう。それであるとせば、第九条第一項は、同一の事を、二重に記載してある。そして法文としての簡潔明徴性を欠いている。適当の条文といえないのである。また相対的の事実である戦争行為に関し、唯一方日本のみにて、これを放棄するということは、法律上の文句として、全く無意義である。この章は、これを「交戦権の放棄」と改めることにより、初めて、法律文らしくなり、意義は明白となるのである。学徒としては、かかる不明瞭の法文を、憲法の中に用いることに、反対するものである。「戦争と称する双務的事実」を、一方の国のみにて放棄するとは、何のことであるのか。また「武力の行使を放棄する」とは、何の意味なのか、その放棄とは、何のことなのか、よく分らない。「交戦する権利を放棄する」と書いてあるならば、それで初めて、理解せらるるのである。「権利を放棄する」というのであれば、初めて、法律上の適当の用語となるのである。

この条文の終りには、「国の交戦権は、これを認めない」と規定してある。交戦権は、国際法上の権利である。世界の認むる権利である。それであるのに、独り日本国は、これを認めないというのである。これは、国際法の無視である。「放棄する」というのと、「認めない」というのとは、文字として、同一の意義のものではない。権利の放棄は、国として行いうる。しかしながら、世界の認むる権利を、日本のみ独り認めないということは、不法である。それだから不法の憲法たるを免れえない。またこの「認めない」という規定は、同憲法第九十八条の末尾の規定とは矛盾する。「確立された国際法規は、これを、誠実に遵守することを必要とする」との規定は、第九条の「国の交戦権は、これを認めない」との規定と、全く両立しえないのである。また日本国のみ、「独り、交戦権を認めない」ことは、「国家平等の権利」を認めないことであり、不法である。また「前文」とも矛盾する。「杜撰なる新憲法」との非難を免れえないのである。人民は、かかる不法矛盾の憲法を好まない。不日、これを改正し、国民投票に問うべきである。

日本憲法は、「国民に主権が存在する」と、宣言している。国民は、この主権を、固く守るを要する。それ故に、国民の主権の一部である交戦権を、認めないということは、適法となすをえないのである。

戦争は、双務的のものである。一国のみにて、双務的戦争を放棄すると称したところで、それで世界の平和が、生ずる理由はない。交戦権の否認は、平和のためにも、無意義である。

国際連合に加入する国は、自己を防禦する武力を備うるを要する。交戦権を認めない国は、国際連合の一員となる権利もない。万一ある他の国から、日本国が襲撃せられた場合があるとして、日本国民は、憲法上、これと交戦する権利を、有しない。もしも、これと交戦したならば、憲法第九条の違反となり、不法の民とならざるをえないのである。また交戦権を認めない日本の国土の中において、ほしいままに、第三国は、交戦権を、行使する権利はないはずである。それは干渉となるからである。従って第三国は、「日本を救う権利を有しない」との解釈ともなるのである。

これをポツダム宣言に徴して見ても、日本は、交戦権を認めてはならないという理由は、全くない。「日本人はネーションとしても、またレースとしても、奴隷となったり、破壊せられたりすることはない」と明記してある。即ちポツダム宣言に依れば、日本人民は、自衛の権利を有するものと、認められているのである。日本人はこれを守るべきである。

一時の権略、または媚態を、列国に呈示するために、「平和平和」を口にし、自国の交戦権を認めず、これを憲法に規定したというのであるならば、それは、屈辱であるといわれるべきである。日本人は、交戦権を認めていない憲法を有している。その憲法を私は、不法とし、また、矛盾と見る。独立国としては、卑劣であり、わが民族のためには、危険であり、不名誉である。

侵略戦争は、不法である。「侵略のための交戦権」は、これを棄《す》つべきである。自衛のための交戦権は、国として、これを確守すべきである。私は当初からかく公言している。

2 自衛問題をどう考えたらよいか

日本国は、「平和を愛する諸民族の公正と信義に信頼して、我民族の安全と生存とを、保持することを決意した」と、憲法は、その「前文」をもって、宣言している。民族の安全と保持とを、自国の武力をもって、保《たも》とうということが、即ち、国際法上の国の自衛権または自保権である。日本はこの自衛権の発動を、自ら棄てたのである。この自衛権の放棄が、憲法第九条をもって、「交戦権の否認」の規定となって、明白に示されているのである。「戦争の放棄」という第二章の表現は、米人の作った原案に基いて、そのまま日本人により、直訳されている。そして憲法第二章にそれが規定されているけれども、戦争は、ほんらい、双務的の行為であって、前にものべたように、一方の意思のみをもって、それを放棄するということは、不可能であり、意味をなさないことである。「交戦権の放棄」というのであるならば、それは、意味の明白な表現となるのである。米人に法律学の知能が欠けていた。日本人にも、法学上の修養が足りなかったことを、私は、初めから非難していたものであった。日本国は、憲法をもって、交戦権を、絶対的に、否認した。即ち「国の交戦権はこれを認めない」と、明白、単純に、規定した。外部から、一国または数国の武力攻撃を、日本が受けた場合には、憲法上、日本は、交戦権を発動しえないのである。即ち「自衛の権利」の発動を認めないのである。換言すれば、日本は、自己の戦力をもって、自衛する権利を有しないのである。

右の明白な法理を、政府の公務員や、政党人や、一部の人たちが、無理な解釈、または、迂拙な解釈を試みて、ゴマ化そうと企てていることが、日本の現実である。けれども、それは良心に問うて、速かに、そのゴマ化しを、思い止まるべきである。そのようなごまかしをもって、日本民族の文化性を汚すことは、永遠に亘って、日本民族の恥辱となることが、明白だからである。日本民族は、もしも、「自衛の軍」を必要とするならば、憲法の「前文」と第九条とを、先ず革《あらた》めることが、絶対に必要となるのである。

日本国は、米国と「安全保障条約」を締結した。その条約の「前文」には、「日本は、非武装国となったから、自国を防衛する権利を行う手段を持たない」と、冒頭に明記してある。それは、憲法の「前文」と第九条とを、そのままに、日米間の安全保障条約の上に認めた表現である。

安保条約は、独立国としての日本は、独自の、または共同の自衛権を有することを、認めている。同条約の「前文」に、それが表示してある。

だが、向後《こうご》暫くの年月の間は、米国の軍力に依頼して、日本を防衛することを日本は要望すると、明記している。それが約束である。
同時にまた米国としては、日本が、国際連合の憲章に従って、日本国の国防を、自ら行う責任を確持することを、漸次に行って行くように、「日本に、期待する」と、書いてある。急速に、日本は、自衛軍を持つという約束は、なしてはいない。平和条約の成立後、わずかに一年の短日月を経た今日において、日本は、三十万という大軍備を作る義務は、条約上有していないのである。米人は、日本に向って、自衛軍の設置とか、増強とかを、今日において、要求したり、強制したりする権利は、全然有していないのである。

日本は、安保条約第一条をもって、米国に、屈辱的な非常的な権力を与え《グラント》ている。即ち、日本の国内および周辺に、陸、海、空の三軍の軍力を、配備する権利を、米国に与えている。米国は、「それを、承諾した」と、明記してある。そして、その戦力は、日本に対する外敵に対しても、また内敵に対しても、使用される権利があるものと、明記してある。そして、その第二条には、米国の有する「日本防衛の権利」は、「米国の独占」であることが、明記されている。その有効期限は、無期である。

即ち日本の「国防権」は、日本が進んで、米国に、それを譲与したことが、安保条約に定められてある。即ち日本は、「米国の軍事上の保護国」と成ったのである。実にそれは、特殊の保護国である。この特殊の保護国は、必然に、日本の外交上にも、米国の制圧を受ける。即ち日本の外交権についても、日本は、米国の命令下に立つことを、甘んじて約束したのである。

以上のような憲法と条約が存在する。

だから、日本が甚だしく、貧乏の世帯に苦しめられている時に、巨大の国費を投じて、日本の国防軍を作ることは、人民の生活を脅かすのみの悪政であることは明白である。また、それは、「日本人民の生活を脅すこと」であって、憲法二十五条に違背すること明白である。

日本の現政府とその与党とは、八千万人の光栄を保持するような政治の能力を有していない。改進党もまた、この点同じようなものである。「主権ある国民」は、日本の今日の外交を、保守人のなすに委せて置くべきものではない。「権威は国民に由来する。福利は国民が享けるもの」である。「国政は、国民の厳粛な信託に依るもの」である（前文参照）。国民は、睡っていてはならないのである。国政は、「国民の厳粛な信託によるものであること」を、今の日本人の大部分は、あたかも理解していないかに見える。その人民の政治観は、明治時代のそれを持続しているに過ぎない。だから、無能、浅薄そして驕慢な内閣の大臣だの、多くの議員だのが、いつも、その地位を保って、厚顔にも主権ある人民を、愚弄しているのである。

日本国自ら、自衛の軍を作ったところで、米国軍は、その駐兵をそのままに、長く駐屯している権利がある。米国は、一度獲得した日本国防の重大な権利を、棄てるはずがないのである。条約が、初めからその目的をもって、締結されているのである。即ち日本が新に作る自衛軍は、米国軍の配下の戦力となるに過ぎないものである。それは、条約上の権利として、日本の国防権を、握っている米国としては、当然の権利であり企図である。結局は、日本の自衛軍は、「米軍のための一軍」となるべき性質のものである。

数年前、吉田茂氏らは、日本の全権として、桑港（サンフランシスコ）に出張し、日本を、米国の軍事保護国となすために安保条約を、米国人の巧妙な外交に引摺れて締結したのである。それは、その当時から、私が法理論として、論述していたところである（拙著『擾乱の日本』一九五二年）。

吉田内閣は昭和二十一年十一月、新しい憲法を成立せしめた内閣である。その憲法はわずかに数年にして、改革を要することになった。ということは、三年の先さえ見えなかったことを示している。その責任者は、当年の日本の吉田内閣と、その与党政党人である。かれらは、賢明な政治家であったとは、何分にも申されない。

憲法は、天皇が公布されたものである。天皇も、先見を有していなかった。

降伏後の日本の政治は、甚だ、乱脈である。それらの政治家は、政治家の責任を、全然知らない。

「責任政治」は、ポツダム宣言の受諾に伴って、日本民族の、国際的義務となったのであるけれども日本人はその責任心を失っている。四等国に没落するのも、さらに米国の被保護国と成り下るのも必然である。「日本の漁民らは李ライン以内に入る可らず」と、韓国政府は、不法にも、日本人を嘲弄している。米人は、韓国と同盟に近い条約を結んでいる。そして日本漁民が、不法に韓国の官憲により、捕えられるのを、嘲笑し、日本に「交戦権のない」のを、韓国人と共に嘲っている。

一切の失は、日本の政治家の軽率と無能とに在ることを、遺憾ながら、認めざるをえないのである。軽率な軍人政治家は、無謀の戦争を開始した。日本民族は、それがために、日本の地位を失い、財物と資源と領土とを失った。そして、その以後に、内閣を組織した政治家は、日本を半独立国の地位に陥れている。実にそれは、憲法および条約の解釈から生じて来る結論なのである。政治論ではない。感情論では勿論ない。

3　再軍備と国民欺瞞と違憲

憲法には、「日本は、交戦権を認めない」と、絶対的に規定してある。だから、再軍備をやった所で、その軍は、国際的には、何らの役にも立たない装飾品に過ぎない。であるから、吉田内閣の行っている再軍備は、無益である。唯単に、人民の生血を搾るのみである。

或人は、「自衛の戦争は、憲法の解釈上、禁止されていない。それであるから、自衛のための軍備を作るのは、違憲ではない」と説いている。だが、交戦権を認めていない日本は、「自衛の交戦」も当然に、これを行いえないのである。従って、自衛のための軍備も、また無益の軍備である。

　或人は、原子爆弾を備えない軍は、「戦力といえない」と説き、従って、原子爆弾なしの軍を作ることは、憲法に違反しないと論ずる。これは吉田内閣の人のいうところであり、馬鹿気た詭弁である。それを取り合うのは、日本人として、愚である。

　或人は、安保条約には、「日本が軍備を漸増することを規定している」。それは約束である。それであるから、軍備を作ることは、日本が条約上に負っている義務である。条約上のこの義務は、国際法、憲法の法理上、憲法に優先すると唱えている。けれども、米国は、日本の憲法を充分に知り抜いておりながら、この安保条約を、吉田政府を誘惑して、米国の利益のために、日本に結ばしめたのである。だから、米国は、日本に対して、悪意者である。従って、日本国民としては、この悪意を有する米国の利益のために、この「軍備漸増の条約」を、守る義務は全くない。かく私は解釈するのである。正しいと信ずる。

　憲法上から論じて、日本の再軍備は、全然違憲である。憲法を改めての後でなければ、日本は、軍力を置くことは、法理上できないのである。

　政治上から、それを論じて見たならば、日本を攻めてくるという敵のないことが、今日は明白であるときに、敵もなしに、軍備を作ることは、人民を苦しめるのみであって、軽率であり無益な業である。

或はまた、日本の内部に、共産党の一派の武力革命を目ざす破壊者が潜んでいると説く人がある。それは、あるとしても、少数に過ぎないであろう。それに対しては、若干の警察で足りることはいうまでもない。況んや、そのような仮想を敢てして、国民を迷わせ、無益の国費を投ずることは、有害不法な行政である。だから、再軍備は、差当り全く理由のないことである。

吉田内閣は、空、海、陸の相当の軍備を作りながら、それを、人民に向って、破廉恥にも、偽って「軍備でない」と称している。それは、人民を愚弄し、「米国のためにつくす外交」と評する他ない。主権ある人民は、そのような卑屈な政治には、民主日本を護るために、反対する権利がある。

或人は、「憲法制定の当時には、敵国は、日本の軍備全廃を望んでいた。日本はその希望に応じて、総ての戦力を保持しないと定めた。だが今日は、時代は変り、列国は、日本の軍備を要求している。だから、軍備は、必要である」と説いている。これは甚だ、無責任な言である。この人の説は、「外国の希望如何によって、日本は軍備を廃したり、作ったりする」というのである。即ち外国本位であって、日本の独立も、自衛も、平等も、全然棄てて顧みない説である。卑劣である。日本の軍備を要求しているのは、米国のみである。ソ連も、中共も、濠州（オーストラリア）も望んではいない。従ってその説は嘘である。

或人は、「独立国には、必ず軍備がある。日本も独立した以上は、軍備が必要である」と説いている。この説は、自己侮辱である。その人は、数年前には、日本を独立国としない覚悟で議会に出席していたのであらう。それは、日本を、外国に売った人とも見られる。破廉恥の人という可きである。米国などの日本占領は、軍事占領であって、征服ではなかった。日本は、国際法上から論じて、独立権を喪失していたのではない。ポツダム宣言によるも、日本は独立を失ったのではない。

再軍備に伴い、日本軍の統帥権を、「天皇に与える企図がある」ように、噂する人がある。もしこのような企図を懐いている人があるとすれば、それは、民主日本国をくつがえす人である。何故なら、軍統師権は、主権の一部であるからである。この問題は、私の見るところでは、憲法上並に国際法上、平和裡には、実現できない一大難件である。

憲法上から論ずるならば、先ず「前文」を変更しなければならない。それのみではない。第一章の第一条を、変えるを要する。それのみではない。第三条以下、全規定をことごとく変更するを要するのである。国会も、国民も、そのような大変革は、口舌のみでは行いえないことを、覚悟せざるをえないであろう。

国際法上から論じたならば、桑港の講和条約は不法である。日本全権のその時の宣言にも反する。講和条約は、「日本の主権は、国民に在ること」を規定している。この民主条約を、そのままにして、日本の憲法を、非民主主義に変更することは、国際法上、不可能である。それは、条約の方が、憲法に優先する法理があるからである。世界は、日本民族のこのような不法を許すはずがないのである。条約を変更して後に、憲法をかえなければならない。それは、容易に行いえないことである。

政治上から見て、右のような不法なことを敢てして、統師権を、天皇に与えようと企てる政治家は、狂乱に近い人である。恐らくそのような狂人は、日本にはいないであろう。いたところ、できないであろう。平和を愛する全国民が、それを許さないであろう。国民を愚弄して、再軍備を行うような政治は、文明日本の大きな汚辱である。憲法を無視して、米国のために、再軍備を行うことは、日本民族を死地に陥れる悪政治である。そして、それは「法律を誠実に執行すること」を軽侮する行政である。日本の憲法は、そのような違憲行政をゆるさない（憲法七十三条）。

Ⅵ　人間の権利

1　人間の基本的権利とは何か

「民主」とは、「主権が人民に在る」ということが、その基本である。主権は力である。その力が、人民の中に存在するならば、人民は、それを人民の中心力として、統合せられる。専制に慣れた日本人は、「君主がなければ、人民の統合は出来ないもの」のように唱える、悪いくせがある。その「中心」というのは、君主という「人間」のことではなく、君主が有する「権力」のことである。そのことを、普通人は、錯覚しているのである。

君主にもしも偉大な人物が出たなら、人民は、その人物の有する主権により、もっとも堅実に統合せられることは、明白の理である。だが、偉大な君主は、世襲的に出てくるものではない。それは、すべて人間界の事実である。世界の歴史が証明している。民主国には、世襲の権力者の制度はないのが原則である。人民の尊敬する人物が、人民によって、適法に選挙せられ、その人物が、人民の代表となって、政治を行うのである。その任期は必ず一定している。終身というものはない。理論上、民主政治は、人民の幸福のために、適当である。世界の君主制が、次第に亡び去って行くのは、人間界の必然の理である。英国の女王は、本年（一九五三年六月）戴冠式と称する伝統の儀式を挙げて、女王の冠を頭に戴いた。しかしながら、女王は、新しく立派な宣言をなした。左の如くである。

「わたしは、全精神をあげて国民への奉仕に献身することを厳かに誓います。この決意に対して、わが夫」も私を支持してくれるのであります。

英国の国会制度、自由な言論、少数者の権利に対する尊敬、思想およびその表現に対する豊かな寛容の精神——これこそ、われわれの生活と、考え方の精髄なのです。今日ここにのべるところは、英連邦の家族である諸国が、過去何世紀来、つねに支持され、強められてきた信条であります。これらの原理こそは、英国王のもとにある、あまたの議会と国民のみならず、英国の君主と王制にとっても、神聖なものであります。わたくしは、いま、これらを尊重し、また実行するよう、国民に希います。そのときこそ、われわれは、平和のうちに、相携えて、万人のため、正義と自由の探求に進むことができるのです。

わたくしの戴冠式は、過ぎし日の英帝国の権力と壮麗の象徴ではありません。それは、神の恩ちょうにより、わたくしが、女王として国民に君臨し奉仕するこれからの未来に対するわれわれの希望の表明なのです。

神よ、国民に祝福をたれたまえ。心から、国民に感謝をおくります。」

即ち英国女王は、神の恵みにより、旧例に従い、僧侶の手により、王冠は戴いた。けれども、女王は、「国民に奉仕する」と誓ったのである。女王は、英国の国民を支配するのではない。名は女王であって、実は、「国民の公僕」であるというのである。英国民は、この誠実柔和な新しい公僕に対して、親しみ愛するのは、必然である。英国の女王は、「国王に忠実なれ」とか、「皇運を扶翼せよ」とかと、利己的の宣言は、なさないのである。英国は、一種の優れた民主の国である。

民主国の人民は、奴隷のようなものであることを、ゆるされない。人民が奴隷のような卑屈のものであるならば、主権は、人民にありえない。人民に、基本人権が備わり、侵す可らざる人間として、生きているからこそ、初めて、民主の国となりうるのである。

日本人の間には、民主とは、「四角ばらないこと」とか、「権柄的でないこと」とかと、独断し、「主権在民」の大則については、考慮に入れていないような人が、非常に多い。けれども、それは間違った考え方であって、正しい日本人としての法理論ではない。それらの迂遠な論者は、依然として、「天皇万歳」を唱え、「君が代の千代に八千代」を叫び、それでもって、少しも民主を害するところはないと思っている。そのような考え方の人間は、民主日本を尊ばない人である。自ら民主日本を破壊している危険な人間である。

民主日本の確立には、人間の基本人権確保が、根本問題である。憲法の前文にいう「人類普遍の原理」とは、基本人権が確立せられたこと、即ち民主日本確立の事態をいうのである。

基本人権とは、人間として、生れながらに有していて、譲ることのできない権利のことである。即ち「法律により認められた権利のことではない」のである。権力によって、侵されえない権利のことである。

基本人権に関しては、十八世紀の仏国学者の哲理を知ることを要する。ヴォルテールや、ルッソーや、モンテスキューの学説が、その主たるものとされている。世界の人間の確認である。それであるから、先ず左に、仏人が主張し、宣伝し、実行した、一七八九年の「人権及び市民の権利の宣言」を述べて、その実質を示すことにする。

国民議会を構成するフランス人民の代表者は、人民の、権利無識、閑却、または軽侮が、公共の損害と、政治の腐敗との、唯一の原因であることを考慮し、厳重な宣言をもって、人間の天賦の、譲渡すべからざる、且つ神聖な権利を、規定することを決議し、そしてこの宣言が、社会団体の総意により、終始銘記され、その権利義務を、いつも想い起さしめることを期し、立法権の行為と行政権の行為とが、各々政治制度の目的と、毎瞬時に、対照されることが、可能であり、それらが、一層崇敬せらることを期し、且つ、市民の主張が、将来においては、簡明であって、論争の余地のない原理に、基かしめられるために、常に憲法の維持と、一般の幸福とに役立つべきことを期する。
以上の理由により、国民議会は、神の前に、且つ神の保護の下に、人間及び市民に関する諸種の権利を、承認し、かつ宣言する。

第一条 人間は、出生及び生存において、自由及び平等の権利を有する。社会の不平等は、公共の利益のための他は、これを作ることはできない。

第二条 すべての政治的結合の目的は、人間の天賦且つ譲る可らざる権利を、保持するにある。これらの権利とは、自由、財産権、安全、および圧制に対する反抗である。

第三条 全権力の淵源は、本質的に、ナション（民族）に存在する。
いかなるコール（集合体）も、いかなる一個人も、民族《ナション》から出てくる権力を、行使することはできない。

第四条 自由とは、他人を害しないで、総てのことをなしうることをいう。各人の自然に有する権利の行使は、社会の他の各人をして、同一の権利を、享有せしめることの他は、制限を附せられることはない。この制限は、法律によるのでなければ、それを定めることはできない。

第五条 法律は、社会に有害な行為の他は、これを禁ずる権利はない。法律の禁止しない行為は、これを妨げることはできない。法律の命じない行為は、何人もこれを行うことを、強制せられることはない。

第六条　法律は総意の発表である。すべて市民は、自ら、またはその代表者により、法律の制定に参与する権利を有する。法律は、その保護を与えるものと、処罰を定めるものとを問わず、すべてに対して、平等でなくてはならない。法律の眼には、すべての市民は、平等であるから、市民は、その能力に応じ、自己の価値および自己の技能によるの他は、区別はない。すべての尊号、公の地位、および職務に、均しく任ぜられることができる。

第七条　何人といえども、法律が定めた場合に、かつ法律の定めた形式によるのでなければ、公訴、逮捕、または拘留せられることはない。専制の命令を、請願したり、発布したり、執行したり、または執行せしめるものは、処罰すべきである。然しながら、各市民にして、法律に基き召喚せられ、または逮捕せられるときは、即時、それに遵うべきである。それに抵抗するのは、犯罪である。

第八条　法律は、厳正に必要な刑罰の他は、定めることはできない。何人といえども、犯罪を犯した時以前に、制定せられ、公布せられ、かつ適用された法律によるのでなければ、処罰せられることはない。

第九条　各人間は、有罪を宣告せられる迄は、無罪を推定せられる。それ故に、逮捕の必要が、定められたときといえども、その身体を、拘束するために、必要のない一切の暴力は、法律により、厳にこれを禁止すべきである。

第十条 何人といえども、その意見の発表が、法律により定められた公共の秩序を害しない限りは、その意見の発表を、妨げられることはない。実務上の意見についても同じである。

第十一条 思想及び意見の自由な交換は、人間の最も貴重な権利の一つである。それ故に、市民は、法律の定めた場合に於けるこの自由の濫用に対して、責任を負うの他、自由に、言論著作出版をなすことが出来る。

第十二条 人間及び市民の権利の保障は、公の権力を必要とする。この権力は、すべての利益のために、存するものであって、その権力を、委ねられたものの、持別の利益のために、存在するものではない。

第十三条 公の権力の維持、及び行政費用のためにする公共の課税は、避けることはできない。この課税は、すべての市民の間に、その能力に従って、平等に分配せらるべきものである。

第十四条 すべて市民は、自ら、またはその代表者によって、公の課税の必要を、認定し、自由に同意し、その用途を調べ、及びその性質、徴収、および継続の期間を、定める権利を有する。

第十五条 社会は、その行政の公の代理人に対して、責任を問う権利を有している。

第十六条 権利の保障が、確固でなく、かつ権力の分立が、確定していない社会は、すべて憲法を有するものでない。

第十七条 所有権は、不可侵かつ神聖な権利である。それ故に、法律によって、公の必要が、明白にそれを要求するを認め、予め正当の賠償を支払うとの条件の下で行うのでなければ、これを奪うことばできない。

以上が、即ちいわゆる人権宣言である。人類普遍の原理と、日本の憲法に書いてあるのは、それである。

以上フランスの「人間及び市民権の宣言」は、人間（即ち人民）は、人間（即ち人民）として、法律の前に、平等に生活すべきものであることを、明白にしたものであって、ヴォルテールやルッソーが、一七〇〇年の初め以来、学者として、唱えた哲理の実現である。またこの宣言は、人間は、王者や権力者の奴隷のようなものとなり、その犠牲となるべきものではない、という思想からきたものである。人間の自由の確保である。

「自由、平等、友愛」の三文字は、由来フランス人の守り札である。それはフランス人のほこりである。学説としては、フランス人から、それが唱えられたけれども、イギリス人は、遠く一二〇〇年代から、権利、自由を叫び、それを実現せしめている。イギリス人は、実行の民である。ドイツ人は、一八七〇年フランスに勝利して以来、フランス人を軽侮する。それであるから、フランスの「人権宣言」（一七八九年）に関しても、米国独立宣言（一七七六年）や、米国各州の憲法の模倣に過ぎないと、嘲っている。ゲオルグ・イェリネックという学者の如きは、その主唱者である。日本人の中には、このドイツ人の説に、共鳴している人もある。たとえば、美濃部達吉博士は、同人の訳した『人権宣言論』（原著一八九五年、翻訳一九〇六年）の序文に、「フランスの人権宣言は、その一部の思想を、ルッソーに受けていることは、争を容れないとしても、その主たる淵源は、これを、アメリカに求めねばならぬことは、到底否定すべからざるところで、それを明白にしたのは、実に、此の書の貢献と云わねばならぬ」と書いているが如きである。日本人の中には、これに反対して、意思を述べた人もいた。美濃部氏は、ドイツ法学に親しんだ人である。ドイツ本位の説を唱える人であった。

　フランスの人権宣言の「前文」は、正しい。今日でも、フランスの新憲法は、むかしの「人権宣言」を、「フランスの憲法の一部をなすもの」として、特に、その新憲法の「前文」に記載してある。人権宣言の発表せられた時代の人権は、その種類が、今日の人権に比べて、少数である。時代は進歩するのである。日本人の多くは、そのことも知っていない。

　人権宣言の時代には、「所有権の絶対尊重」が、「人民の福祉のため」に、重大事であった。それが社会主義、共産主義と、一致しない点である。今日では、所有権は、法律をもって制限せられうるとの説が、一般である。「ワイマールの憲法制定」以来の一大変化である。日本の新憲法も、それに依って制定されている。日本は、すでに、社会主義、共産主義を、憲法をもって、認めているのであると云える。それは、後章に説明する。

主権は、「国民（ネーション）から発する」という法理は、本来フランス人の思想である。社会は、人間が、約束して作ったものであるというルッソーの論が、即ちそれである。米人は、ヴァージニヤ州の憲法に、それを明記したのである。それは、米人の独創とは云えない。「人権宣言」には、どんな人間も、どんな人間の一団（コール）も、主権の本体とはなれない。主権は、唯一に、民族に在って、人民の代表により行使せられると明記している。それは、君主制や、貴族制の排斥である。「主権は人民に在る」というのが、即ち民主主義政治である。日本の憲法前文には、人類普遍の原理と、それを明記しているのである。基本人権を保障することは、「一個人の利福」ということではない。それは、「公共の福祉のため」である。人権宣言の「前文」に、それが宣言してある。日本官僚は、「公共の福祉」を口実として、基本人権を、法律をもって、制限することを、不法と考えていない。それは、根本的な誤りである。法律をもって、もしも基本人権を、制限しうるならば、それは、「法律の範囲内に存する権利」であって、基本人権ではない。この点に関し、日本人は、迷謬を一掃すべきである。日本の憲法規定に、そのような誤解を、生ぜしめる文句がある。それが禍をなしているのである。それについては、後章に述べる。

2　国民・人民・国・民族・人類・人間の法理

民主日本の憲法には、国民、人民、国、民族、人類、人間の文字が使用されている。それは、原英文の訳語であるから、原英文を先ず知ることが、肝要となるのである。それらの文字は、どういう意味を有するかを、明かに理解することは、今日の日本の「国組織」を知るために非常に大切である。

憲法「前文」にある全用語を、原英語と日本の訳文とを対照して見るならば、左のような見解が生じてくる。

「前文」の冒頭に、「日本国民」はと書いてある。その日本文字は、英文の方では、「日本人民」はと書いてある。第二項には、原文には、「日本人民」とあるのを、「日本国民」と訳してある。第三項には、英語では、「オール・ネーション」と、書いてあるのを、日本文では、「何れの国家も」と訳してある。

「ネーション」という英字は、由来、「国民」と訳されていた。「ピープル」という英字は、「人民」と訳されていた。「ステート」という英字は、「国」とか「国家」とかと訳されていた。

新憲法では、ネーションも、ピープルも、ステートも、人間も、人類も、区別なしに、同じ意味をもって取扱っているのである。

新憲法によれば、旧憲法のように、人民以外に、または人民の上に、「国家」と称する「権力主体」が、厳に存在しているものとは、見ていないのである。国も、人民も、国民も、人間も、同じものである。英仏流の見解では、半世紀も以前から、または、もっと古くから、その通りであった。「ネーションスのリーグ」というものが、一九一九年にできた。これは、「国民の聯盟」という文字であった。日本では、それを、「国際聯盟」と訳していた。それであるから、今日の日本人としては、「愛国」ということは、「人民を愛する」ということであり、「報国」とは、「人民のために、つくす」ということである。

「天皇即国家」ということを唱えていた旧憲法時代には、「愛国」とは、「天皇のために、つくすこと」と解されていた。今日は、憲法上、そのようなことはあり得ない。旧時代に唱えられていた、「君のために死する」なぞは、民主日本には、ありえないことである。「尽忠」は、すでに昔話となってしまったのである。「忠君」は、すでに消滅したのである。

今日の保守人は、「愛国心を養え」なぞと唱えている。それは、世評によれば、「君権万能」を、唱えているもののようである。彼ら保守人は、人民尊重の民主憲法の精神が全く分らないのである。彼らは、勤労者の罷業権利にたいして、「不逞者」の悪業のように、宣伝している。それは周知である。その事実こそ、不逞行為である。世界の通則として、民主主義は、「大衆を尊重する主義」である。民主主義の国では、人民の基本人権を、最大に尊重することが、即ち「国を愛すること」である。国民を愛することである。人民愛である。

保守主義者は、民主主義を口にしながら、その理を理解しない。だから、彼らは、もとの通り「国家国家」と叫ぶのである。それは、天皇権力万能主義の旧夢から、全く目覚めずにいる「旧痾蒙」の言に過ぎない。彼らは時代錯覚者である。放任すべきことではない。

憲法上、「公共福祉」のために、人民の基本人権が保障されている。だから、基本人権を、確実にまもることが、今日では、「公共福祉の確保そのもの」である。それが、「愛民」である。錯覚者の官僚や、旧式の人間には、この理解が、全くない。或は未だ甚だしく、それが不足している。それは「愛民」でない。「愛国」ではない。「社会の福祉」の破壊である。それは一掃すべき有害事である。

むかし、穂積八束は、「国家は、主権なり」と、学生に教えた。それは、権力万能主義に基く、ドイツ流の国家のことであった。今日は、そのような奇怪な言論は容認されるべくもない。だが、そんな風の考え方の旧人は、日本の官僚や保守党人に未だに沢山いる。民主のために、それらの錯覚人は危険である。正しい日本人民は、かかる時代錯覚の人間を、社会から排斥して、人民の福祉を、固く守るべきである。それは、憲法の命ずるところである。

洗錬されないマルクス主義者は、「国家は搾取機関である」、と相変らず説明している。そして国家を呪っている。それは、「国権万能主義の国家」を、指して云うことである。民主主義日本においては、「国」とは、「人民」のことである。「搾り取る機関」と見るべき「国家」は、今は憲法上、存在しえないのである。人民は、法律の前に平等である。「搾取機関」と、国家を呪った古い考え方は、今日は、無用である。

「国家」という文字は、由来、英仏人は、使わない。ネーションまたはナションの文字を、常に用いている。民主の日本人は、「国家」という耳ざわりの悪い文字を、使わないように、努むべきである。「国家警察」の文字は不快である。

憲法上、英文の原語では、「人民の権利」と書いてあるものを、日本人は、「国民の権利」と、日本訳している。それであるから、「人民」という文字を、一般に使った方が、むしろ立法の趣旨に合致しているのである。一般に、日本人は、国民という文字を好み、人民という文字は、「マルクス主義の常用語である」、と評している。だが、人民の文字の方が、常用さるべきものである。私は、人民の文字を択ぶものである。人民の用字は、人間本位の用字である。

憲法にいう「国民の平等」とは、「人民の平等」のことであり、「人間の平等」のことである。ところが、その理が分らない日本人は、それを、別の意味であるかのように思い込み、同一視して説く人に対して、その人を、無学者であるかのように嘲っている。或人が、或雑誌で書いている。その人こそは、無学者たるを告白している。そのような人は、今日の憲法を論ずる資格のない人である。英仏米等の事情を知っている学者は、そのような愚説を吐く人間を、相手にしないのである。

天皇は、古来、一人間である。「人皇」として、歴史は伝えている。天皇は、初めから神であるはずがない。今日の天皇は、憲法上、人民の上に立つ人間ではない。また人民の外に存在する人間でもない。「人民と共にある人間」である。天皇は、日本の人間であり、日本の人民である。日本国民の中の、一人の日本人である。そして、皇族は、普通の人間である。即ち国民である。それであるから、国民平等を主義とする憲法の法理は、天皇にも、また皇族にも、共通する法理であることが、理論上明かである。

そう解釈するときには、一つの「皇室典範法」と称する法律をもって、即ち憲法以下にある一つの法律をもって、天皇および皇族に関し、一般国民即ち人民と異った権利を有せしめていることは、明白に、憲法に反することになる。憲法上、憲法に反する法律は、すべて無効である（憲法第九十八条）。正確に憲法を守ることが、人民の責任であるとその主張下の日本人としては、憲法上、以上の疑問を発せざるをえないのである。「皇室典範法」は、今日は、法律として設けられてある。旧憲法時代には、それは法律ではなかった。「憲法の一部をなすもの」として、公式に取扱われ、それで、日本に通っていたのである、旧時には、皇室典範法は、憲法と共に、永遠性を有していた。今日はそうではない。そこに大きな差異がある。

以上は、憲法上、大きな問題である。すべて法律は、法律をもって、変更しうる。皇室典範法は、人民の意思をもって、国会の議決を経て、改正しうるのである。

天皇、皇太子、及び皇太孫《こうたいそん》の成年は、「十八年とする」という典範法の規定は、一般の日本人と異った規定である。民主国日本においては、何故に、そのような区別をなすのであるか。また「立太子式」なぞを、何故に、今の民主日本において、大袈裟に行うのであるか。それは、保守主義人が、民主の新憲法をわきまえず、旧式の観念をもって、行う行為であって、憲法上、適法ではない。

3 「公共の福祉に反しない限り」とは何か

新憲法第十二条には、「国民の自由、権利」に関し、「公共の福祉に反しない限りは」、との制限が附してある。その「公共の福祉」とは、それを具体的に示したならば、いかなる事柄をいうのであろうか。不明である。また何人が、これを判断するのであろうか。そこに危険が伏在する。

新憲法第十一条には、「人権の享有は侵すことのできない永久の権利である」と、絶対的に規定してある。これと第十二条とは、一致しえないことを、容易に見出しうるのである。

新憲法第十三条には、「権利は濫用してはならない」と規定してある。法律の用語として、かかる訓戒の規定は、不必要である。濫用してはならないことは、人権に限らない。国会も、内閣も、裁判所も、天皇も、同じく、権利は濫用してはならないのである。人権に限って、斯る文字を、憲法上に使用したことは、権力主義に立つ官僚の不明に見える。民主人民は、斯る法文を排斥せざるをえない。

その「公共の福祉」とは、いかなることを内容とする文字であろう。「各人民は、公共の福祉のために、その権利を利用する責任を負う」との規定があり、また「公共の福祉に反しない限り、立法其の他国政の上で、最大の尊重を必要とする」との規定がある。「公共福祉」の意義は、人民自らで、理解するを要し、また立法府、政府および裁判所も、民意を理解するを要するのである。その意義の確定せらるることが、緊要事である。然らば、いかにして、これを確定するのか。人民は公務員のみの解釈を以て、正しとなすをえない。公務員のみが、この解釈の権利者であると、見るをえない。基本人権を認めたところで、それに、不明確なる制限が、附せられてあるようなことは、その人権は、あいまいのものとなるおそれがある。新憲法は、人権に関して、このような、欠陥ある規定を設けている。改正するを要する。

「公の秩序」という文字には、一定の意味がある。「公共の福祉」という文字には、一定の意義がない。日本の公務員に、この解釈を委すことは、人民の福祉を害すること明白である。危険な用語である。

4　思想及び良心の自由をまもるために

新憲法第十九条によれば、「思想及び良心の自由は、これを侵してはならない」と、絶対的に規定してある。

それだから、人民は如何なる思想を有しても、自由である。良心の許す限り、いかなる考えをも懐きうるのである。資本主義、社会主義、共産主義、国際主義などの思想を、有することは、全然自由である。天皇制の存否に関しても、人民は、自由なる見解を有しうる。保守派の主張する「国体説」にたいしては、その人の自由に委し得ない。それは、民主の破壊となるからである。

しかしながら、日本には、「天皇に対する崇敬は、古来、全人民の良心である」と説く人が今になおある。現代人民の中にも、「人民が、烏合の衆とならないのは、天皇が、国民統合の象徴であるからである」とか、また「古来、国体は一貫しており、天皇は、古来、権力者であり、人民のあこがれであった」と論ずる人もいる。各々その人の独自の見解に基く説であり、その人の自由に委してある。ところがその説に反対する人に対しては、保守派の人々は、極力これを非難し、これを「公共の福祉に反する言動をなすもの」と論ずるのである。それが、現実にある。かくして「思想の圧迫」は生じ、有害の抗争は、行われる。そしてそれが「公共福祉を害すること」になる。かくては、憲法の思想及び良心の自由は、空文に帰する憂がある。それこそ、公共の福祉の抹消である。

旧時代の天皇権力万能主義の時代と、今日のデモクラシーの時代とによって、「公共の福祉」の意義は、おのずから異ってくる。それだから、今日における公共の福祉とは、「民主主義に反すると否とによって定まるべきものである」と云うことに、その意義を一定することが合理的である。私は、この確定を緊急必要事となすものである。「民主主義と、共産主義とは、相容れない」との説は、米人及び米人に追随する人が、よく唱える所である。しかし、それは、何らの理論がない。学理によって、唱えられる共産主義は、明かに、法理上民主である。また公共の福祉のための理論の通った学説である。日本人は、この理論を、無視することはできない。

5　憲法は社会主義・共産主義を否認するか

日本の「旧憲法」は、「所有権の絶対不可侵」を規定した。即ち極度の資本主義によれるものであった。「新憲法」は、それと異り、第一項には、「財産権は侵してはならない」と書いてあっても、第二項には、「財産権の内容は、公共の福祉に適合するように、法律で、これを定める」

と、書いてある。この第二項は、第一項の取消しにひとしい規定である。社会主義や共産主義や、英国式のナショナリゼーションが、一般に是認せられるような時代には、法律をもって、如何なる程度にも、財産権の制限を行い、その権利を、有名無実のものとなすことが、可能であるとの予告規定である。それは、明白に、資本主義の排斥である。社会主義、共産主義、ナショナリゼーションの承認である。この解釈は、解釈として、誤りはないと私は信ずる。

さらに、日本の憲法は、人民のために、政治上、社会上、及び経済上の平等（無差別）を、保障している。経済的に、人間を平等のものにするには、すべての人間を、プロレタリアとなすことが、もっとも合理的である。それは、マルクス主義者の主張と、全く同一のものとなるのである。日本は、憲法をもって、すでに、「資本主義から離れた国」となっているのである。

以上のように、日本憲法を解釈することは、人民の自由である。資本主義の米人の言に、民主日本人は、屈従する義務を有していない。

米人は金持である。必然に資本主義を、堅く守ろうとする。それは彼らの自由である。

今の世界には、七億の人間が、共産主義の憲法下に、大いに栄えて、楽しく生きている。それは重大事実である。フランス、イタリー、ベルギーなどの一流文明国には、共産主義者が、数百万人の多きに達している。共産党は、仏伊ともに、大なる勢力を有している。

英国には、社会主義に立つ労働党が、保守党をしのぐ程の大党をなしている。

以上の世界の現勢において、貧乏の底にある日本人民が、「資本主義の虜」となっていることは、明かに理論に合わない話である。

日本人が、米人や、日本の保守人に、巧みに引ずられて、正しい理由もなしに、共産主義を呪ったり、共産国を敵視したりしているのは、甚だしい愚盲である。またそれは卑屈でもある。それは、日本の新憲法を、知らずにいる迂濶の人間である。その態様は、米人の日本の保守政客との合作狂言に迷わされて、本心を無にして、喝采しているような痴態である。

今日の日本人は、純白のものを見て、それを「赤だ」と睨み、怒ったり、嘲ったりしているような狂態がある。それが、甚だ奇怪である。「赤」とは「危険」の意味であろう。日本人でありながら、日本の新憲法を知らずに、旧憲法下の古い思想に惑溺し、学説であり、且実行されている共産主義、社会主義を、「危険である」、「不法である」と恐怖していることは、それこそ、日本文明化のために、大きな危険である。「赤」とは、それらの不明な危険の人間のことを、いうのであると定義した方が、理論に適合している。

左に一九一七年ソ連が行った「プロレタリアート解放の宣言」の要点を、指摘して、日本人のいう危険性は、今の日本の憲法下には、全く有り得ないことを明かにする。

ソヴェトの初めの憲法は、「プロレタリアートの解放」のためのものであった。人権も、自由も、それには認めている。そして、主権は、「労農に在ること」が、定められてある。すべての生産財を、共産化すること、金融機関を、民衆に引渡すことを、宣言している。すべての寄生的資本家・地主を、社会から駆逐するために、「労働は、人民の義務である」と、定めてある。

労働者の勝利を保全するために、労働者の武装を宣言している。それは外国侵略のためではなかった。帝国主義、秘密主義を排斥し、領土併合や、賠償を取ることを排除し、革命的手段をもって「民主的平和を樹立すること」を主張している。

アジアや、その他の植民地における弱小民族の国において、無数の労働者を、奴隷となした資本主義文明を、完全に駆逐することを、宣言している。

この宣言は、フィンランドの独立、ペルシャからの撤兵、アルメニヤの民族自決を唱えている。資本家には、政治上の地位を与えないこと、権力は、労働者農民及びその代表にのみ与えることを宣言している。

ロシヤ諸民族の労働者階級の、完全な連合を、各民族の自由意思に従って、構成することを宣言している。

ロシヤの共産主義革命は、終に、一九四八年に至り、全く成功した。それは、資本主義国の英米二大国が、武力をもって、スターリンを助け、ドイツと日本とを根本的に打倒せしめたことによって、生じた結果である。

今日になって、米人が、ソ連を、敵と公然宣言し、ソ連を極力排けていることは、自己の一大失策である。自己を責めずにソ連を責めているのは卑劣である。日本人の多くがその米人の宣伝にのり、米人に苦められた日本人でありながら、ソ連を米人と共に或は米人に従って排斥しているのは、非文明である大きな醜態である。

日本人は、世界の大勢を知ることが肝要である。そして旧憲法時代の資本主義尊重の規定が、すでに無効となったことを考慮し、新憲法に従い、思想の自由、結社の自由を尊重することが、緊要である。米国人や、日本の米国追随者は、自ら世界の大勢に目を覆い、かつ日本の憲法を無視している。革新こそ必要である。それが、日本人の文化である。保守は時代無視である。

6 国民代表の選挙は何のためか

国の政治は、「国民の厳粛な信託」によって、行われるものである。国民と共に主権がある。憲法上、国民に権威がある。国民の有する主権は、国民自ら行うこともあるけれども、(国民投票によって、憲法の改正を行う場合のように)、一般には、国民の有する主権は、国民の代表として公式に選ばれた人が、それを行使するのである。そしてその「福利は、国民が、これを享ける」のである。この法理は、フランスの人権宣言に明示されてあって、欧洲の各国は、十八世紀以来、この法理を、あい次で行うようになったのである。日本の憲法の「前文」には、この「人類普遍の原理」が、明記してある。

今日の議員の選挙は、右の法理によって行うものである。

選挙は、「国民の福利のために」行うのである。「国家」というものを構想し、そのために行うのではない。また「天皇のために行う」のではない。天皇権力主義の絶頂に達した昭和の時代には、時の内務大臣某は、「選挙は、天皇の御心に添うために行うものである」と、とくに警察を利用し、書類や立て看板をもって、広く人民に宣伝していたのであった。何事でも、「天皇のため」と、昭和時代の権力主義の政府人は称していた。そしてそれが「理想政治である」と思っていたのである。今日の老年者は、その事実を、よく記憶していることであろう。

今日の民主日本の日本人は、国民の幸福のために、適当な代表者を、自ら求めて、その人に、公式に投票するのである。

選挙に関しては、人物本位か、政党本位かとの論もある。だが、その人物本位とは、どういうことかが、よく判らない。政党本位ならば、それはよく分る。政党には、一定の主義政見が公にされてあるからである。それに基いて、その党人は、果してどういう政治を行うことを目的としているかが、明白に分るのである。

日本人は、選挙に際し、未だに、情実に走ったり、金銭に誘われたり、その人の官歴に迷わされたりする悪弊がある。何んのための選挙であるのかが、人民に判らず、そして、代議士のため、登竜門的地位を与えてやることに、その心を奪われている人もある。

今日の目前に実在する醜悪な半独立国を作り上げ、そして七百余の軍事基地を、米国のために設け、全国到る所に、人民を泣かしめている事実があるにも拘らず、その事態を作り上げた保守主義政治家や、卑屈な政党を排斥せずに、依然として、国民の代表として、それらの人間を、選出し、それをもって、少しも恥じない投票者が、日本にはいる。その数は何百万とか、何千万とかあるといわれている。この事態は、日本人には、選挙の目的が、ほとんど分っていないことを、証明しているのである。速かに、それを分らせなければならない。主権は人民に在る。人民は、自ら、その主権者たる地位を棄てて、人民の権威を、無能なまたは卑屈な政治家によりて、汚されているのである。

国会において、議員と政府人とが、不真面目な問答を重ね、その場を過し、それを得意としたり、または、言論を閉鎖して、腕力に訴えたりしている野蛮な現実は、要するに、投票者に、「民主国の人民である」との尊い自覚がないためである。いつまでも、日本民族は、暗愚の人民であるとは、考えられないけれども、自覚こそ大切である。

7　公務員は国民への公僕である

新憲法第十五条には、「公務員を選定し、これを罷免することは、国民固有の権利である」と定められてある。

公務員とは、何であろうか。憲法には、何を公務員というかについては、規定してはない。条文の解釈によって、何を公務員というかを定めるより他に方法はない。「公僕」という文字は、英原文にはあるけれども、日本文憲法にはない。公務とは、国の事務である。国事にあずかる人を公務員というのである。全国民のために奉仕する人であり、一部人または一人のために奉仕する人ではない。それだから憲法第十六条に「すべて公務員は、全体の奉仕者であって、一部の奉仕者ではない」と規定している。公務員は一人の天皇に奉仕する人ではない。政府即ち行政府に奉仕する人ということではない。主権の本体である国民に奉仕する人のことである。民族のための奉仕者である。それであるから国民が、それを選定するのであり、国民に、その罷免権があるのである。国民の代表者の国会が、内閣の首班を選定するのも、国民が間接に選定するの意である。内閣の信任を国会が問い、内閣を去らしめることも、同じ理論によるものである。内閣は、国民の代表の指名によって成立し、国民の不信任によって倒される。それは、民主憲法の条規

（第六十六条）から解釈して、当然である。この六十六条の条規と、衆議院解散の権利を、内閣と天皇とに、附与している第七条の条規とは、矛盾している。第七条の条規は改むべきである。

裁判官も公務員である。その選定および罷免は、国民によってなされるを要する。

国会解散の条規を、新に設けるとすれば、人民の投票によって、解散するを適法とする。天皇にのみこの解散権を有せしめている新憲法第七条は、不当である。内閣の助言と承認によって、天皇が、衆議院を解散することは、天皇と内閣とを国会の上位に立たしめることである。不法である。

新憲法上、天皇は、主権の本体ではない。行政権の行使者でもない。天皇には、手続的な小範囲において、「国事に関する行為を行う権利」のみが、憲法によって附与せられてある。即ち明らかに、「公務を行う人」である。そしてその国事に関する行為をなすについては、「国民のために」それが行わるべきことが、憲法に規定してある。「国民全体のために」、国事を行う責任があるのである。

それだから、当然に、天皇は、公務員の一人と解しうるのである。憲法の条規に基き、かく解釈せられうるのである。天皇は、人民の上に立つ君主ではない。国会の上位にいる機関ではない。天皇の地位は、憲法第一条によれば、「主権を有する国民の総意に基き」定められたるものであり、天皇の固有の権利ではない。即ち国民の意思によるものである。憲法により、天皇の地位は、世襲であると、定められてある。それは、国民が、憲法を以て、かく定めたのである。天皇の地位の継承方法は、国民代表の議決によって成立する皇室典範法に規定せられ、これによるのである。天皇の固有の権利ではない。歴史に依るものではない。

それであるから、新憲法によってこれを解釈すれば、天皇は、公務員であると明かに論じうるのである。

さらにまた、これを、新憲法の規定（第九十九条）に照合して見るのに、「天皇又は摂政、及び国務大臣、国会議員、裁判官その他の公務員は、この憲法を尊重し、擁護する義務を負い」、と規定してあって、「その他の公務員」の文字は、「天皇もまた、公務員」であるとの意味を示すものと解釈しうるのである。

新憲法によれば、天皇は、国の「元首」ではない。従って、「不可侵である」との規定もない。「国の象徴である」との文字のみがある。この文字は、法律上には、権利関係の意義を有しないものである。象徴とはシンボルの訳字である。シルシという意味に過ぎない。

天皇は、「国民の中の一人の人間である」と、議会において、政府は重ね重ね説明したのである。その天皇は、一定の手続的の国務を行う権利がある。従って、天皇を公務員と解釈するのは、新憲法上適法であると論じうる。「天皇は、国の象徴である」との規定は、上述したように、法律的に意義を有しない字句である。「国」とは「統合国民」と同一内容の文字である。

天皇の憲法上の地位は、この憲法上の規定に基き、「公務員である」と解釈する以外に、適法の方法はない。もしも天皇を以て、依然として、「人民の上に立つ君主である」と解釈している人があるならば、それは、憲法を無視した不法の見解である。君主とは、統治権者として、人民の上に臨んでいる不可侵の人間を指す語である。「主」とは、「主権」のことである。民主国には、真の意義における「君主」は、存在しえない。主権は一つあって二つない。

8　家はどうして廃止されたか

新憲法は、人民の平等、夫婦の平等を規定し、婚姻は、ただ男女の愛のみによって成立すべきことを規定している（第二十四条）。

日本の従来の婚姻は、「家を保存するため」という観念を以て、主として行われたものである。憲法は、この観念を棄てしめたのである。家の保存は、祖先崇拝主義に出ている。それはブルジョア式観念たるは明白である。この観念は、人民の平等を念とせずに、人間の不平等主義を基としたものである。人間の能力を重んぜずに、家系を尊しとしたものである。それだから、民主主義の時代には、存在せしむべからざる観念となる。従って、民主憲法は、これを廃止したのである。家という観念を廃止することとなれば、戸主と称するものは、必要のないことになる。

「家に二主なし」との旧来の観念は、不法となる。「夫唱え婦和す」との服従道義は廃止せられる。

夫婦は平等であるとして、各々自由主張がたてられうる。それだから、「夫婦相和し」は、「絶対的真理」というわけには行かないことになる。即ち教育勅語は、この点においても、存在をゆるされないことになるのである。愛をもって、男女が和するのは、男女の天性に応ずるものであり、適当である。夫の命令をもって和するのは、不平等であり、不法である。

親子は、人間社会には必然に存在する。親は子にたいして、親権を有する。同時に扶養の義務を有する。未青年の子は、それあってその生存が保たれうるのである。しかし、人間は法律の前に、平等である。それであるから、青年に達した子は、親権から離れる。親には、その青年に達した子に教育を与える義務はなくなる。平等の人間は、独立して生活するのが本則である。青年となった子は、家族から離れて独立しうる。青年となった子は、親の同意なしに、婚姻生活をなしうるのである。

親は、子に、自己の財産を、生前に分与する義務を有しない。子は、親に向って、親の財産を、分与すべしと主張する権利を有しない。相互に平等だからである。親は自己の財産を、自由に処分しうる。生前にこれをなしうる。死後には、遺言を以て、これをなしうる。それは親の自由である。

だが、親の死亡した後に、残された親の財産については、法律は、便宜上、これを、平等主義を以て、子孫に分配することを認めている。憲法からいえば、「これを国有となす」と、法律が定めたところで、不法ではない。これに高率の相続税を課する法律を定めたところで、何らの不法はない。新憲法は、「人は法律の前に平等である」との「人権宣言」に基く原則を認めているのみではない。経済的にも、社会的にも、「人は平等であること」を、規定している（第十四条）。

この憲法により、日本の古来からの法則慣習は、一切消滅せしめられたのである。

夫婦は平等である。それだから、「夫は貞操を守る義務がない」と定められていた、従来の法規は、廃止せられ、夫婦は、平等に、この義務のあることが定められたのである。そして貞操を守らないという行為はただ民事上、離婚の原因となるに過ぎないのである。欧米各国とともに、この原則を久しき以前から認めているのである。

「家」は廃止せられた。従って家の継続のための養子は、不必要となった。女子は、自由の愛によって、婚姻すればよいのである。家がないならば、養子制度は、なくともよいことである。世界の歴史の上には、男系を重じた国もある、また女系を尊んだ国もある。日本は男系を重じてきた。徳川幕府の初めには、男系の欠けた時は、その家は、名家であっても亡びることに定められた。ただし後には養子制度もゆるされた。何れが絶対的に適当なりといわるべき理論もない。それは時代の必要というより他はない。今日の新憲法は、家観念を消滅せしめた。人間は、すべて法律の前に平等である。「門地等の関係において、差別されない」と定められた。従って家柄の如きは、もはや社会上価値のないものとなったのである。ただし歴史学上の参考として、また古記録として、保存するにたる系図その他は、保存すべきである。元亀天正以来、または明治以来、時の成功者は、系図を作成したものである。名家のように明治以後擬装した華族の一味は、家の観念の亡びるとともに、永遠に亡んだのである。デモクラシーの時代には、必然に人間不平等の制度は亡びる。民族の間には、家観念を廃止したにもかかわらず、「天皇の一家」のみは、家族制度を保存してある。それは大きな矛盾である。人間平等の法理に反している。法理としては、矛盾のないことが望ましい。

9 教育をうける権利は実現しているか

新憲法は、「すべて国民は、法律の定めるところにより、その能力に応じて、ひとしく教育を受ける権利を有する」と規定してある（第二十六条）。それだから、能力のないものは、能力あるものと同じ教育をうける権利はないのである。能力の大小、種類によって、それぞれ適応の教育を受ける権利がある。

それならば、その能力は、どうしてこれを判定するのであるか。一定の学校の卒業証書を有するものは、これを能力あるものと認めざるをえない。それらの人々は、その学校より一段上級の学校に、同じ権利をもって入学する権利があるはずである。全国の青少年は、果してこの憲法によって、高等教育を受ける権利があると主張し、その主張を達成しうるであろうか。事実はそれに反し、その卒業証書には、何んの価値がなく、それは空証文であり、他の学校に入学するには、さらに入学試験を受け、新たにその能力を証明しなければならないのである。それならば、憲法の規定する「能力に応じ」とは、いかなる意味であろうか、明確性を有しないことになる。大きな欠点といえる。

高等教育は、今の日本においては、無償にこれを受けることができない。相当の多額の学資を要する。学資の足らないものは、高等教育を受ける道がないのである。それだから、この憲法は、唯単に、空権を人民に与えたものであり、無意義に属する条規となるのである。不備の憲法というべきである。

日本人は、速かに、法律を制定し、一般能力者をして、同じように教育を受けるような権利を、享有せしめなければならない。ところが、過去数年来、この主張も事実も現われなかったことは、人民に、教育に関する誠意も熱意もないことを、示すものである。教育は、国務中の重要なものである。「政治を超越して、教育を定むる」というような主張は、旧時代の人の主張したところである。今日は国民に主権がある。国民の代表によって、国の主権は、行使せられるのである。この時代においては、国会が、自ら進んで、人民教育の事を、議決し、法律となして、行政府をして、それを執行せしむべきである。過去のように、行政府に教育を委することは、明治時代の大きな失政であったが、民主国人民は、再びかかる過失を行ってはならない。

一九三六年十二月のソヴェト憲法第一二一条には、「ソ連邦人民は、教育を受ける権利を有する。右権利は、普通初等義務教育、高等教育をも含む教育の無料制、高級学校学生の大多数に対する国家給費制、学校内の母語による授業、並に工場、国営工場、機械トラクター配給所及びコルホーズにおける勤労者の生産技術、及び農業の無料教育により、これを保障する」と規定してある。ところが、日本の新憲法には、この種の規定が全く欠けている。唯単に、空名の権利を、人民に保障しているに過ぎない。大きな欠陥というべきである。人民は、これに満足することをえない。速かに、この欠点を改め、適当な法律を作り、憲法を補充するを要する。速かに法律を制定し、この欠陥を充足すべきである。人民は、国を挙げてこれを唱える権利がある。国会の議員をして、この種の法律を制定せしむべきである。今の日本人は、ソ連の憲法を研究し、その国の実相を知り、至当の批判を下しうるに至ることが、人民の文化のために甚だ大切である。

10　労働者の罷業の権利はまもられているか

日本憲法には、「すべて国民は、勤労の権利を有し、義務を負う」と書いてある。米人の作成した原案には、「権利を有する」とのみ書いてあったものを、日本の議会で、「義務を負う」との文句を、附け加えたのである。私はその当時に、原案を至当とした。議会は、余計な文句を入れたものと、私は当時から非難していた。なんの必要があって、「義務を負う」との文句を加えたのか、それは、欧洲憲法の半解から生じた過誤である。レーニンの憲法には、義務のみが、規定してあった。そして、「働かざるものは食う可らず」と定め、遊食者の一掃を行ったのである。それは正しかった。スターリンの憲法は、「義務を負う」の文句を廃して、「労働は権利である」と改めた。これは、労働者の権威を高めるために、適当の規定であった。フランスの新憲法では、「何人も、勤労の義務を有し、雇傭を受ける権利を有する」と規定してある。これもまた意義の正しい規定である。労働は、社会に対して義務であると定め、そして、人間が、雇傭を受けるのは、「人間の権利である」と定め、かくして労働者に、権威を持たしめたのである。日本の憲法は、はなはだ不明であって、労働者のために、はなはだ不利の規定である。労働を、兵役と同じように見たのである。日本の議員も、政府も、労働に関し、能力を有していなかったことを示している。労働を義務であると定めたならば、労働者は、ストライキや、サボタージュの権利は、有しえられなくなるのである。

日本の憲法の他の条文をもって、辛うじて、労働の義務を無意義とした。第二十八条がそれである。「勤労者の団結する権利、及び団体交渉、その他の団体行動をする権利は、これを保障する」と、絶対に規定してある。それが絶対の規定であるために、法律をもって、この権利を制限することは不法となるのである。日本の労働者は、この一条をもって生き得るのである。

だが、政治家にも、労働者にも、この「絶対権」の自覚が未だ生じていない。そのために、議会は、「公益のため」とか、「国の産業のため」とかと称し、ストライキを、法律をもって制圧しうるものと称している。それは、憲法違反である。それが成立したところで、無効の法律となるのである。前述したところのように、「国家」とか、国益とかの名目をもって、ストライキと称する基本人権を、制限することは、ゆるされないのである。ゆるしてはならないのである。

フランスの新憲法では、「罷業の権利は、それを規整する法律の範囲内において、行使される」と前文の中に、定めている。ストライキを、基本人権として、定めることを、ことさらに避けているのである。だが、この法律は、国会が、今日になっても制定していない。労働者が、反対しているのである。

日本の労働者は、ストライキを、基本人権として、資本家や、政府と闘うことをなさずに、「実力行使」と称している。それは、非文化行為である。実力で争うならば、それは、腕力争闘であって、野蛮の行為となる。それは、日本の官僚式警察官らが、武力をもって、人民を制圧し、それを不法行為と思っていないのと、同じ非立憲心理である。「権利をもって」、対者と争うことが、肝要である。最近の日本の労働組合は、この理をようやく悟ったもののようである。それは進歩である。

日本の保守人は、「国家」とか、「公共福祉」とかと称し、その旧式的口述をもって、基本人権を侵しうるものと考えている。それは、多年の天皇権力主義の禍である。そもそも、「基本人権の保障」が、即ち「公共福祉」である。この公共福祉の本体を、公共福祉の空名をもって、侵そうとすることは、あたかも名人のえがいた墨画の上に、墨筆をもって、素人が、なすり廻すのと同じようなものである。それは、汚れるのみであって、何らの効力はないのである。大きな失態である。

日本憲法第十三条は、基本人権について「最大の尊重を必要とする」ことを、規定したものである。だから、「公共福祉」という名をもって、基本人権を制限することをゆるした規定と解すべきものではないのである。尊重が原則である。無視はゆるされない。

憲法をもって、ストライキを絶対的に保障した以上は、その権利を、絶対に、尊重しなければならない。少数の資本家の利益を擁護することは、民主主義に反する。それは、憲法上、ゆるしてはならない不法行為である。ストライキを不法視する人は、民主日本人ではない。旧式の天皇権力主義下の「資本絶対尊重憲法下」においてのみ、行われえたことである。

憲法は、勤労者の種類を、決して区別していない。「勤労者」として、一本に規定してある。それであるから、法律をもって、勝手に、勤労者の種類を分ち、ある種の勤労者には、「ストライキの権利がない」と定めたことは、憲法上明白に不法である。それは、憲法上無効の法律である（憲法第九十八条）。

憲法は、ストライキに関し、決して経済上の事に限り、基本権利を保障しているのではない。労働者の行為は、「政治に関しては、行動の自由がない」という規定はない。それであるから、政治上のことに関し、勤労者のために、不利益が生じた場合には、労働者は、団体行動をもって、それに抵抗する行動をなしうることは、何らの疑問はありえない。この権利に反する法律を制定することは、憲法違反である。従ってその法律は、無効である。

日本人民は、憲法上無効の法律に従う義務を有しないのである。日本の保守党と保守内閣は、労働者の基本人権を侵害している。排斥しなければならない。

11　公務員のストライキは不法であるか

昭和二十三年七月二十一日、占領軍総司令官は、芦田首相に書面を送って、公務員の同盟罷業に反対して、外国人ルーズベルトの意見なぞを引用して、日本の公務員の責任を説き、公務員法改正の必要を警告した。占領軍の目的に反することは、占領軍として、それを禁止する権利を有していることは、国際法上の法理である。マックアーサーは、占領軍のために、絶対の支障のない限り日本の憲法を尊ぶ義務がある。

芦田内閣は、その手紙を利用した。そして自己政権維持の道具に、それを利用した。芦田内閣は、右の書簡を以て、「政府に対する命令」であると解釈した。そしてそれを、新聞に掲げさせた。「日本の政治家は無能である」とは、しばしば、外国の新聞に掲げられている。内閣が無能であるために、マックアーサーは、厳粛なる注意を日本内閣に与えたのであろうか。

マックアーサー元帥の手紙は、命令ではない。命令とみえる形式もない。また命令と見るべき文言もない。これを命令として受取ることが、既に不当と云える。公務員法をどのように改めるかは、日本人の自由である。憲法によって、これを行うべきものである。マックアーサーは、憲法を引用し、憲法の条項を、日本人に注意している。即ち憲法を守るべきことを、日本人に警告しているのである。この注意は、国際法上正しい。ところが、日本人の中には、マックアーサーの書簡を以て、命令だと称した。そしてこの命令は、「憲法以上の力あるもの」である、と説く人が、多くいる。定めし外国人をして、ますます、日本人に対する軽侮感を、深からしめたことであろう。

日本の憲法上からこれを見るときに、公務員に、罷業権を認めないことは、果して適法であろうか。

公務員は、「勤労者」である。その点からいえば、「勤労者」には、憲法上団体行動権がある。

団体行動権の中には、同盟罷業権が含まれていると解されている。しかしながら、公務員は、憲法上、「全人民のための奉仕者」であって、個人として、自己自ら、生活するために、労働している人間とは、別のものに規定されている。「奉仕者」というのは、「義務に任じている人」即ち「公僕」のことである。公務員に不法があって、そのために、損害を蒙った場合には、被害者は、その人に対してではなく、国または公共団体に対して、損害賠償を求めることになっている。即ち公務員は、一私人ではないのであり、「国または団体に属する義務者」であることを示している。この点から論ずれば、公務員は、一般労働者とは、全く別のものであると解釈し得るもののようである。

かく解釈したならば、公務員は、第二十七条の基本人権は、これを有しないものと論ずる方が至当となってくる。

この論断は、マックアーサーの注意以上に、公務員の権利を狭くするものである。けれども、理論上不当ではないとして、日本人としては、この見解に立ち、公務員の罷業権を認めないことが、憲法厳守上適当であるように見える。当初この見解を有する人はいなかった。労働法を制定して、公務員と一般労働者とを同一に取扱ったのであったが、そのことが、「憲法無視の不法であった」、といえるであろうか。もしも、それが憲法違反であったならば、その責任は、従来の政府と国会とにある。彼らは、一切その職を辞す可きであった。憲法上、公務員を罷免するのは、

「人民固有の権利」である。だから人民は、この基本権を行使して公務員を排斥するを要した、ということになる。

憲法第二十七条からこれを論じて、公務員は、普通の「勤労者」と、同じ勤労者であり、同じ取扱を受くべきものであると解したところで、すべて勤労者には、「権利と義務とがある」と規定してある。「権利のみある」と日本の憲法は、ロシヤ憲法のように、明白に規定してはない。それであるから、この義務の点から推論して、奉仕者である公務員は、「義務者であることに、重点を置く可きもの」と解釈し、「罷業の権利は有しえない」ものと、解釈することも、また不合理とはいえない。かく解釈したなら、マックアーサーの見解と一致する。しかし、マックアーサー氏は、このような論法を用いてはいないのである。彼のは不当の干渉であった。

日本人は、日本の憲法に基いて、この問題を解釈するを、絶対に必要とする。果して、いずれが正解であろうか。

公務員は「勤労者」である。「奉仕」とは、「公僕」の訳語であり、「勤労すること」である。公務について、勤労するのである。しかしながら、「公務」とは、「政府、国会、裁判所、地方自治体等の事業」というに止まり、その事務の性質は、事柄によっては、私法上の会社の事務と、異るところはない。民主の国としては、公私は同一のものともいえる。鉄道の事務、製造所の事務は、公私に区別はあり得ないのである。もしも共産主義、国有主義の政治が行われることになれば、銀行も、通商も、農業も、鉱物掘りも、みな「公務」といわれるようになる。今日の時代においては、公私には大きな区別はない。「国家」といっても、それは「国民」のことであって、「国家即権力」とか、「国家即君主」と云った時代は、今は全く存在しない。それだから、公務員の勤労と普通労働者の労働とを、区別して見るのは、正確な理由のないことになるのである。この見解に立って見るときには、公務員も、普通の勤労者も、同じ人民である。「同じ勤労者」である。その同じ国民に関して、取り扱いを異にし、公務員に限って、基本人権を奪うということは、憲法第十四条に反するといわざるをえない。「すべて国民は、法の下に平等である」との根本的規定は、これを侵すをえない。

公務員には、罷業権と称する重大の基本人権がなく、唯単に、「奉仕するのみ」いいかえれば、「義務のみを有している労働者である」となれば、自ら進んで、公務員となることは、人間として一般に避けることになるであろう。それは、公務のためには、危機となるであろう。考慮すべき一大問題である。

公務員に限り、名誉を与えるならば、それは、旧式の官僚崇拝である。それは今の時代に逆行する方法である。公務員に限り、報償や手当を、多額に与えることは、官吏崇拝の時代にのみ許されることである。今は厳禁である。

公務員には、「その名誉や威厳を保つために、特別に注意すべきである」との説は、不法のはなはだしいものである。だがこの不当説が、今日本には、奇怪にも行われている。

公務の種類は、いくつもある。その中には、「公共の福祉」に、直接関係するものもある。また、しないものもある。鉄道、郵便、電信の如きは、一般的に、人民の福祉に関係がある。それらの公務員が、集団して、同盟罷業するならば、事実上、その設備を利用する人民の迷惑となることは明白である。これらについて、その人権を、濫用せしめてはならないとの論も立てられる。この点から見れば、これらに対して、予め罷業を禁止する法律を作ったところで、民主憲法違反とはいえない。かかる説も生ずる。しかしながら、唯単に、公務員に関して、その基本人権を、奪うことは、不法である。官営の鉄道員には、罷業を禁止し、私立会社の鉄道員には、罷業権を認めるということになれば、これは人民平等の無視となる。不法となる。

「基本人権は、常に、公共の福祉のために、これを利用する責任」が、人民にある。労働権の行使については、それは「公共の福祉のために」、利用されるのである。公務員は、人民全体のための奉仕者であり、当然に公共の福祉の奉仕者である。その公務員の生活を脅すことは、公共福祉の侵害である。二者を、区別することは、人間の区別観であり、憲法上不当であると論じうる。憲法にも何の区別はしていない。政府とは、行政府のことであって、それは内閣のことである。内閣は、大臣と称する公務員の組織するものである。それ自体が、公務員である。公務員が、「政府に対して」、同盟罷業を行うことは、「公務員対公務員の闘争」であって、「国に対して」行う闘争ではない。「人民全体に対して」行うのでは勿論ない。「国に対して反逆」するのでは勿論ない。だから普通の労働者が、その雇主に対して行う罷業と、異るところはない。この点から論ずれば、公務員に限り、「政府に対して、罷業権なし」ということは、全く憲法違反であるといえる。二者を分つことは、政府人が、ほしいままに勤労者を二種に分つことである。即ち憲法の変更である。すべて憲法に反する法令、行政行為は、憲法上無効である（第九十条）。従って問題の政令は無効である。マックアーサーは、国際法上、ほしいままに日本人に向って憲法違反を命令し、または要求する権利は絶対にない。

12　現代の青年は憲法を理解しているか——「孝に関する討論会」をきいて

昭和二十三年八月十三月「ラジオ学生の時間」に、高等師範学生の「孝に関する討論会」が行われた。初めから、私は慎重にその言論を聴いてみたが、余りにその思想の貧弱なるを悲しんだ。司会者も誠に気の抜けた言論を行っていた。女生徒がおりおり口を入れたが、その方が、一番理論の備わっているのが感じられた。今の二十代の青年は、憲法に関し、研究の足りないのを痛切に感得した。

これら学生は、「孝とは何んぞや」を、少しも研究していない。また民主国である欧米にも、親につかえる道あるを全く知っていない。欧米のエシックスを全く知らないで、勝手なことを論じていた。一人の学生は、「孝は封建的」であると、しきりに力んでいた。その封建的とは、何の意味かをこの青年は、自分自ら知らないもののようである。日本に対する軽侮的の米人の用語を、軽率に模倣して、口走っているのであろう。日本の封建時代に、人民は、平和も幸福も享けていたことは、歴史上明白である。三百年間の徳川幕府の封建は、西洋人も賞讃していたのである。当時の外人（オランダ人宣教師）の著書がこれを証明している（例は拙訳『古き外人の観たる日本国民性』一九二一年）。「封建制」といえば、「人民の禍」であったというのは、祖先への大きな侮辱である。今の青年には、たとい歴史を少し知っていても、それは、虚偽の日本歴史であることに気がつかずにいる。彼らのいう「封建的」とは、「専制主義」という意義のことである。それならば、明治時代の官僚制は、五十余年の久しきにわたって、専制であった。その憲法も専制的であり、不当のものであった。その五十年を抜きにして、その以前の封建時代を捉えて論ずるのは、「間の抜けた観察」というべきである。一般の青年も、この過失がある。三十代以後の日本人のみの過失ではない。二十代の青年に現にある。

孝とは、支那からきた文句である。その孝の教えの内容は、「孝経」からきたものである。ところが、徳川時代に、「日本人が発明したご都合主義」のように説いて、物知りぶっている。

孔子の説いた「孝」は、決して圧制主義のものではない。反対に、正義であり、「不正への抗争」である。孝経の第二十章にこの理が詳述してある。親の不義に対しては「子は以て争わざる可からず」と厳正に書いてある。不義とは不正不法の義である。

孔子は、人間の行うべき正義を説いた。人間の自然の至情を本として、正義を行う可きを説いたものである。人間を奴隷となすことを、孔子は説いたものではない。人間の良心を奪うようなことを論じたものではない。今その憲法に保障せられる「良心の自由」、「学問の自由」、「奴隷排斥の権利」は、二千年前に、すでに孔子が説いてある。青年は政府に依頼せず、また米国人の言のみに迷わずに、四千年の歴史を有する漢文を、自ら学ぶという研究心のあることが必要である。孔子の説ける「孝」は、圧制を説いたのではない。今の青年が、「孝は、封建的である」というのは、独断論たるを免れない。

人間は人間から生れる。人間を生む両親は、生れた人間に対して、自然の情を有している。生れた人間は、その産める親に対して、自然の情を有している。この事実は、否認すべくもない。人は生長する。或る年代に達すれば、一人前の人間となる。それまでの二十年以上の長い間は、子は親に頼り、親は子を、わが身の一部のように考え、これを保護し、養育し、教育する。これは人間の一般事実であり、自然である。

世界を通じて、人類にこの関係がある。この関係にかなう法則が、社会に自然法的に存在する。また人定の法則としてもある。その理を研究して述べたのが、孔子の孝である。私は、かく解釈する。漢学者には、まだこんな解釈のあったことを、知らない。孝経を読んで、私はかく解釈するのである。

フランスの人権宣言以来、「人は法律の前に平等である」といわれ、世界は、これを人間のための基本権利として信じている。「法律の前に」という文字を、重要視すべきである。人間は、自然の前には不平等である。また道徳の前には、不平等である。人間はお互に、「自己を他に譲る」のである。「身を殺して仁をなす」のである。「他人のために奉仕する」のである。道義を知らない人間は、自己のみを高くし自己のみを重んじ、他を害し、他に嫌われ、人間社会にたちえないことになるのが、世界の事実である。親と子とは、未成年者の間は、法律の前にも、不平等である。道徳上には、全く不平等である。

この理は、民主国の西洋でも、同一である。子供と先生との関係もまたこの理によって、運行される。それなくしては、社会は成立しえないのである。日本の憲法が新に成り、人間平等の理は、尊重せられるが、さればとて、それは、西洋以上のものではない。西洋以外のものではない。青年に達して、独立の世帯を持ったものは、法律の前に平等である。世帯主とならずに、養われているものは、不平等なる関係に置かれ、「家族」として、見られている。とにかく青年以上の人間は、法律上平等であることは、憲法に明記してある。しかしながら、習慣道徳は、この外に存在している。いずれの国にも、この道徳は今日でも存在する。

人間は、平等であるとの法理から見たならば、親も子も、平等でなくてはならない。今の青年は、この法理を以て、人間の全部に行わるべきものと考え、「孝の必要なし」というのである。これは世界の事実を知らず、日本憲法の一句のみを知る青年のみが唱えうることである。非常識な無智な言論といえる。

大革命の行われた国、また人権の宣言せられた国のフランスには、到るところに、「自由、平等、友愛」の三字が、法としてまた道義として掲げられ刻まれてある。この「友愛の徳義」は、フランス人を固く結びつけるのである。「社会連帯は」、それから生じ、それによって、民族は保たれて行くのである。私は、この文字に無限の意味の含まれていることを、フランスに在って、常に深く感じ、強く打たれたのであったが、「孝」は「親に対する愛」である。一般人に対して友愛を有するフランス人は、その父母に対しても、同じ愛を有している。各界の人に接して、その美しさを、私は常に、感じたことを忘れえない。「自由」と「平等」とのみに執着するならば、人類に、平和、協存は失われる。友愛の道義があって、人と人とは和し、人類に平和がある。子は親を愛して、家庭に平和は保たれる。「孝」は、人類平和と深い関係があるといえる。自然にして至純の道理である。忠と孝とは同一の理ではない。今の民主日本に「忠君」はない。君主がないのである。

Ⅶ　立法・行政・司法の問題点

1　国会は最高の機関である

「国会」とは、「国民《ナショナル》の議会」の訳字である。旧憲法の「帝国議会」に対して、「国民の議会」が設置されたのである。民主国であることの表現である。国民の議会と訳した方が、適当である。

国会は、国の権力の一部をなす「立法の権」を有する。そして、国民の最高機関である。

新憲法は、旧憲法と異り、三権は、明確に、分立しているのである。旧憲法では、天皇に主権（統治権）が握られていた。即ち天皇が、三権を自身に攬っていたのである（旧憲法第四条）。

国会は、最高の機関である。それであるから、その他の機関は、国会とは、同一列に置かれてはいない。政府は、国会の下位に在る。それが旧憲法と異るところである（憲法第四十一条）。

国会には、必ず会議場がある。その会議場には、日本では、大臣席が設けてある。そして、大臣は、議員と対立して着席し、あたかも、議員の上位に在るかのような形式がとられている。それは、旧憲法の時代のもとには、天皇の大臣を、重んじていたからであった。けれども、今日では、それは、憲法と全く合わない。今日では民主日本の憲法を重んじ、大臣席を廃止して、大臣は、議場内に議員と共に、居らしむべきである。仏国の方式は、それである。民主国としては重要な問題である。

国会の建物の中に、天皇の席が置いてある。それを置くのは、憲法に合わない。天皇は、「国政に関して、権限を有しない」人であるからである。天皇の席は撤廃を可とする。その撤廃は、合法的である。民主日本の尊重である。

日本の国会には、衆議院と参議院との二院がある。この二院は、憲法上、ともに「国民を代表する議員」で成立される。国民は、二人の正権限ある代理人を有するような組織である。それは合理的でない。一つの議院にするか、または、二者議院の性能を違ったものにして、相牽制するような風のものにするのが、合理的である。二者は、同じく国民の代表でありながら、衆議院には、解散が行われ、参議院には、解散のないのは、合理的でない。参議院の議員の任期を六年とするのも、また合理的でない。同じ期限でよい。

国会は、条約の締結に関し、それを、承認し、修正し、否決する権利がある。条約は、人民の権利に関係のある重要の法規である。だから、それは、国会によって議決されるべき性質のものである。行政府は、法規を作る機関ではない。

国会は、政府の上位に在る。だから、政府の不信任を議決し、内閣を更迭せしめる権利がある。内閣は、ほんらい両院の信任をえて、初めて成立する。その信任の存続する間のみ、内閣員として存在し得るのである。不信任を議決せられれば、直ちにその地位を去るのが、法理上当然である。

国会は内閣の上位に在る。その上位の国会が、下位の政府によって、解散されるべきものではない。それは、下剋上である。最高機関の地位は、下位の機関によって、解散さるべきものではない。もしも、その解散を許すならば、最高機関は、変じて、内閣となるのである。それは憲法の破壊である。国会と政府とが、対等の地位に在るものならば、政府に、国会解散の権利のあるのは、不合理ではない。

日本の憲法は、解散のことを規定している。旧憲法は、それであった。今日の政府人に、この法理が分っていない。だから、解散は、憲法の精神により、合法的に行う以外に途はない。今日の大臣は、その点について、唯単に、旧憲法のみを心得ている。または、英国の解散事実のみを頼っている。それは、日本憲法上不法である。怠慢であり、無責任である。

政府に衆議院解散の権があるとの条規はない。天皇に、その手続を行う権限のみが定めてある。天皇は、自己の意思をもって、その解散手続を行うことを許されない。「国民のため」という条件を必要とする。また内閣の助言と承認とを要するのである。内閣の助言と承認のみでは、天皇は解散の手続を行うことを得ない。もしも天皇が、内閣の助言と承認とのみで、解散の手続を行ったならば、それは、天皇の違法行為となる。人民はこのことを固く注意すべきである。

衆議院は、自ら解散を議決しうる。その場合は、天皇は、内閣の助言と承認を求めて、衆議院を解散すべき義務がある。内閣は、それに反対する権利はない。また天皇は、衆議院の議決をそのままにして、それを実行に移さずにいる権利はない。衆議院が議決したことを、天皇が行うのは、即ち「人民のため」という条件をみたすものである。天皇は、唯単に、吉田内閣の助言のみによって、衆議院解散の手続を行った。それは、違憲であった。議員は、それを不法として天皇を責めなかった。議員は、国会の権威を知らずにいるのである。そして議長は、自己侮辱を人民に示した。

2　二院制は不合理である

新憲法は、「両議院は、全国民を代表する選挙せられた議員で、これを組織する」と規定してある。国会を二院に分ち、そのいずれもが、「全国民を代表するもの」であり、またいずれもが、国民によって選挙せられる議員を以て成立するのである。この方法は、同一の権限を有する二人の代理人を作り、その各々をして、自由に行為せしむることである。本人即ち国民が、代理人を選出した目的は、それでは適当に達成せらるべきはずのものでないことは、明白である。国民の有する主権は、二つの国民代表者によって、分裂するの、おそれがあることは、見易い道理である。国民が有する唯一の主権は、どうして、好んで、これを分裂せしむるのであるか。ただ不合理の憲法であるという以外に、批評のことばはないのである。

国の元首と、国の人民とが、相反目する場合に、人民の代表である立法府の権威を、制圧するために、政府の御用人である議員を以て、一院を作り、その対立を策することは、君権主義の国としては、一種の政策である。だが、「主権は国民に存する」と定め、国民の代表者である「国会を以て、国権の最高機関となす」と定めた今の時代においては、其最高機関を二つに区分し、相牽制せしめようとする方策は、不合理のはなはだしきものである。ほんらい二院制は、不合理である。いわんや二つの国民代表機関を作るに至っては、ますます不合理である。改むべきである。

旧式観念の人は、政党を嫌忌する。そして政党の反抗を予想し、政党による衆議院に対抗する為に、有力なる上院を設けることを、必要であると説く。だが、国民に主権がある以上は、その代表機関において、多数決によって、国事を決定することは、国民主権の自由であり、全く合法である。若干少数の政府の御用議員の主観観念を以て、多数の可とするところを排除しようとすることは、不法であり、不合理である。今の国民は、良心の自由を、完全に保障せられている。その良心に、一切を委すべきである。良心の発揮あるところには、原則として専横は生じえないはずである。良心の自由を保障する憲法の規定を、国民は尊重すべきである。

憲法第四十二条は、これを改むべきである。

3　内閣は国会の下位にある

内閣は、行政権を有する国の機関である。即ち内閣は、行政府である。日本の憲法に依れば、行政府は、国の最高の機関ではない。国会の下位に在る。国会に対して、憲法の明文により、行政府は、責任を負っている。国会によって、内閣の首長は指名される。それを、天皇が、形式的に任命するのである。内閣は、旧憲法のように、天皇の内閣ではない。今日は、国民の内閣である。それであるから、国会の不信任を蒙ったなら、その内閣は、辞職し去るのが当然である。内閣の方から、国会を解散するなぞは、できないことは分り切った道理である。この法理は、重要視すべきである。

それであるのに、憲法第六十九条には、「内閣は、衆議院で、不信任の決議案を可決し、または信任の決議案を否決したときは、十日以内に、衆議院が、解散されない限り、総辞職をしなければならない」と規定してあって、あたかも、決議後十日間の期間に、天皇は、内閣の助言ならびに、承認により、衆議院を解散する手続を行いうるかのように、規定してある。この条文は、不当である。衆議院に対しての侮辱である。最高機関の地位を覆す規定である。全く有害の規定と解釈せざるを得ない。今日の天皇は、主権者ではない。天皇は、国会の決議を、否認する権利はないこと、いうまでもない。国会が、国の最高の機関である。

　内閣総理大臣は、内閣を代表する権利はある。けれども、国民を代表する機関ではない。そのような権利は、総理大臣には全くない。だが、日本の政治家は、旧式の頭の人が多数いて、総理大臣は、むかしの「宰相」でもあるかのように自惚れている。政治家には、この笑う可き考え方の人が多い。それは、憲法不知の人間といわるべき徒である。「国民に代って、米国に感謝する」なぞと、吉田首相は、平和条約に関し、国会で公言したが、不明な人であった。このような不明の人間が、日本にはいるのである。それははなはだしく潜越の人間である。人民は、そのような憲法不知の人間を、排すべき権利を有している。

　内閣は、国の「一切の政治」を行う機関ではない。「法律を誠実に執行すること」が、法理上、「行政」といわれる。「エキゼキューチーブ・パワー」とは、「法律を執行する権力」のことをいうのである。「行政」という日本の訳字は、ほんらい間違っているのである。「行法」と訳して至当のものである。むかし元老院では、初めに、「行法」と訳していたのである。

　第七十三条に、「内閣は、他の一般行政事務の外、左の事務を行う」と規定してある。「他の一般行政事務」とは、はなはだしく不明瞭の文字である。それは、「平常の小さな事務」のことであると解するより他ない。「左の事務」というのは、本格的の行政事務のことと見るより他ない。その第一に、「法律を誠実に執行し」とあるのが、即ち行政そのものである。次で「国務を導く《コンダクト》」

とある。「総理する」という日本訳字は、英文原案にはない。「総理する」という文字は、内閣を、「国最高の機関」と思わせるような文句であって、憲法に反している。不当の文句である。又「条約を締結すること、但し事前に、時宜によっては、事後に、国会の承認を経ることを必要とする」との訳字は、適当ではない。「事前に、国会の承認を必要とする」のが、原則である。事情の急迫の場合に、例外として、「事後の承認をゆるす」という文章であって、そういう意味で、英原文は書かれてある。日本訳は、はなはだ軽率な訳である。民主国のために有害である。吉田内閣の外交は、つねに旧式であり、「外交は、ほんらい秘密のものである」なぞと、国会で、吉田氏は、公言したが、同氏は、それ程の旧式官僚者である。民主日本の人民は、かかる時代錯覚の外交家が、日本に存在することを、ゆるすべきではない。それは民主憲法を汚濁するからである。

「大臣」という旧文句は、速かに廃止すべきであった。英原文には、「大きな臣」というような馬鹿気た文字はない。ミニストルと書いてある。それは「大臣」という意味の文字ではない。「公僕」の意味を有した文字である。大臣の文字は、不快の文字である。

日本人は、千年前の支那古代式の文字を、明治以後になって、わざわざ取り出し、それを用いている。日本が民主国に一変しても、依然として、旧式の文字を、日本人は用いている。それは日本の政治家の頭が、非常に古く、官僚式に、偉らそうに、その身を措くことを好む悪習の連続である。改む可きである。何々の長という文字で足りるのである。今の世界に「大臣」なぞという不快のものは、存在しないのである。日本のみに残っている。

内閣は、国会に対して、「連帯して責任を負う」ことが、憲法をもって定められてある。全大臣に、責任を負わせる制度ではない。それであるのに、議員らは、「何々大臣の責任を問う」なぞと称し、一某大臣に対して、不信任案を提出している。旧式である。内閣の全大臣の責任を問うべきものである。議員は新憲法を、よく理解していないのである。人民は、そのような議員の責任を問い、その辞任を要求すべきである。総理大臣を、そのままにして、総理大臣が任命した大臣のみの責任を問うのは、憲法上不法である。また卑屈である。内閣は、連帯責任を有しているのである。旧憲法とは、その点全く違っているのである。

4 裁判権の独立は侵されようとしている

すべて、司法権は、裁判所に属する。旧憲法と異り、新憲法では、天皇の名で、裁判を行うのではない。裁判官は、「その良心に従い」、独立して、その職権を行う人であって、裁判官は、「憲法と法律にのみ」拘束されるのである。三権分立が、確実に行われているのである。そこが、明治憲法と異った重要の点である。

最高裁判所は、「一切の法律、命令、規則、または処分が、憲法に適合するか、またはしないかを、決定する権限を有している最終の裁判所」である。だが、裁判所の方から、進んで、そのことは行わない。人民から訴えられたときに、裁判するのである。それが解釈論となっている。吉田内閣には、度々「憲法違反」と解釈せられる行為がある。裁判所は、それらを知らぬ風している。人民から訴えても、必ずしも、適当の判決を下さない。そう人民には見られている。これは重大な問題である。裁判所は、内閣の所属のように見られるのである。

日本を占領した米軍総司令官が、占領軍のために発した、または日本政府に命じて発せしめた「政令」に関しても、それに関する訴えが、人民から起されたのに対して、判決が区々であって、一致していなかったことは、人民をして、大いに裁判の危険を感ぜしめた。しかし、昭和二十八年七月になって、それに関する適法な判決が行われた。それがあって、初めて、人民に安心感を与えた。

この不一致は、ただ法理によるものとは云えない疑があった。政府人が嫌悪する共産主義及び共産党に関する見解について、裁判官に、行政上の影響が、及んでいるように、人民には見えた。もしもそれが、事実であるならば、裁判の独立は、失われたのであって、適法の裁判ではない。「松本三益氏の保釈」に関しては、「法理上、それが適法である」との見解に基づいて、それが厳粛に行われたに相違ない。けれども、それに対して、「政府に正断がなかったようなこと」を論じた新聞（毎日）もあったが、人民の間にも、裁判官は、唯一に、憲法と法律とによって、理否を判断するものであるとの厳粛な見解が、日本人には、今日でも足らないように思われる。被告人としても、「法理のみによる」との正しい見解が不足していて、法廷において、憤然として、政治上から論じ立てて見たり、現政府の攻撃に時を費したりする欠点がある。メーデー事件に、最初はそれがあった。

人民は、裁判というものは、「何を根拠として行われるものであるか」を、憲法に基づき明白に理解することが必要である。法理による冷静な判断が、絶対に必要である。

検察官は、憲法上、最高裁判所の定める規則に従わなければならない。行政府の定める規則に従って、行動することはできない。それがあって、「裁判の独立」は保たれうるのである。

基本人権を、厳粛に保護するためには、裁判所の独立が、絶対に必要である。

上述のように、「政令三二五号違反事件」（一九五三年七月二十二日）に関して、最高裁判所は、政令三二五号を、「無効の法規である」と判決した。それは、国際法上、正しい判決であった。ただし、田中、霜山、斎藤、木村の四判事は、それに反対し、有効を主張した。この有効説は、「占領軍総司令官の意思は、占領が終了し、日本は、完全に、独立、平和、自衛の基本権を有する国に戻ったにもかかわらず、即ち司令官はいないにも拘らず、日本国に残存している」と云う解釈である。私としては、それには、何らの法理がないと主張する。問題の犯罪は、日本のためには、処罰さるべき事件ではないのである。占領軍のためにのみ、処罰された行為であった。占領軍が、すでに存在しない日本国においては、その犯罪は、犯罪として、処罰さるべき理由が、全くないのである。

最高裁判官の中にも、このような不可解の意見を有している人がある。人民のために、危険を感ぜざるをえない。その裁判官は、国際法を無視し、又は考慮に入れていない人といえる。

左に、両者の意見を記載して、当否判断の資材に供する。

《毎日新聞の記事》

占領中、アカハタの発刊停止をはじめ日共の言論、出版などに対する検察当局の唯一の武器であった政令三二五号〝占領目的阻害行為処罰令〟が講和発効後、日本の最高法規である憲法に反するかどうかについて法曹界にも種々の意見があり、全国の各裁判所でも、同令違反事件に対して〝有罪〟〝無罪〟〝免訴〟などまちまちの判決がなされ、裁判史上にも珍しい混乱を来していたが、二十二日午前十時半から開かれた最高裁大法廷では、同令違反事件に対する最初の判決があり、最高裁は、同令を憲法に違反するものと認め「原判決及び一審判決を破棄し、被告人を免訴とする」との注目すべき判決を行った。

この新判例によつて現在各裁判所で、審理中の同令違反事件千四百二十件についても、同様の判決が下されることになる。
同令の有効、無効は団規令などポツダム政令といわれる他の占領法規にも影響する問題だけに、この日の法廷は、傍聴人で満員、定刻、田中裁判長以下十五裁判官が入廷、別項〝軍裁事件〟判決ののち、田中裁判長から次のような判決宣言があった。

《事件の概要》

判決の行われた事件は、釜石市中妻八雲町坂上仲夫（三三）が、二十六年一月アカハタ後継紙「平和のこえ」を同市内で配布したことが、同令違反に問われ、盛岡地裁で、懲役一年六月の判決。仙台高裁も、この判決を認め、被告側から、昨年（一九五二年）四月最高裁に上告されたもの。

《政令三二五号坂上仲夫の判決理由要旨》

長野、小谷、島、藤田、谷村、入江六裁判官の意見の要旨は、わが国の統治の権限は、連合国の管理下にあった当時は、その最高司令官の権力によって制限されていたので、昭和二〇年勅令五四二号及びこれに基く本件政令三二五号は、憲法にかかわりなく、憲法外において、法的効力を有するものであった（昭和二四年（れ）六八五号・同二八年四月八日言渡大法廷判決参照)。しかし、本件政令の罰則は単に連合国最高司令官の指令の趣旨に違反する行為を処罰すべきものとし、その指令そのものの内容、事項等については、何等制限をしていない極めて広範なものである。すなわち(この罰則は、その本質において全く占領目的達成のための手段たるに過ぎない。従って、占領と最高司令官の存継を前提としてのみ、その存在の意義と価値を有するに止まる。

ところが、平和条約の発効によって、占領は終り、わが国は、独立し最高司令官は存在しなくなったので、その指令に対する違反行為は、起り得ず、これを処罰する本件政令は当然失効するにいたった。

もっとも、昭和二七(一九五二)年法律八一号は、いわゆるポツダム命令は、平和条約発効後一八〇日間は法律としての効力を有する旨を、規定している。従って、一般のポツダム命令は、いやしくも、その内容が憲法に反しない限り、その後も、効力を特続すると見るべきである。しかし、本件政令は、他の一般ポツダム命令とは異り、犯罪行為の実質的内容を、具体的に特定したものではなく、単に指令違反を処罰するという形式的内容を定めているに止まるものであるから、その本質上、平和条約発効と同時に、当然失効するものである。従って右発効と同時に、本件政令に、法律としての効力を与えても、それは、法律の内容として現実に不可能なことを定めるもので、結局憲法に違反する。

されば、法律八一号の制定されたことは、平和条約発効と同時に、本件政令が当然失効することの妨げとはならない。さらに、法律八一号は、本件政令に、法律としての効力を与えようとしたものであっても政令の外に存在する指令そのものの内容をまで、法律としての効力を与えたものではないから、指令の内容にまで立入って、合憲なりや否やを判断すべきだという見解には、賛同するを得ない。そうして、その後施行された法律一三七号が、同法施行前になされた行為に対しては、従前どおり処罰する旨を規定したのは、事後立法であって、憲法三九条に違反し、無効である。

なお、本件政令は、いわゆる限時法的性格を有するから、その失効前の行為については、失効後も、処罰すべきであるとの見解もあるが、この見解は、わが国の主権回復後においても、なお最高司令官の権威の存続を認めるもので憲法上容認され得ないところである。この故に、憲法に違反したために失効した罰則を限時法理論で存続させることはできない。よって本件は、原判決後刑の廃止された場合にあたるとして、原判決を破棄し、被告人を免訴すべきである。というのである。

次に井上、栗山、河村、小林四裁判官の意見の要旨は、勅令五四二号及び本件政令が、占領期間中は、憲法にかかわりなく法的効力を有していたことは、前の六裁判官と同意見である。

しかし、平和条約が発効し、最高司令官がなくなり、その指令も、これに対する服従義務もなくなったからといって、将来に対し、本件政令が、当然、全面的に効力を持ち得ないということはできない。すなわち、右政令の内容を充足する指令といっても単に連合国又は占領軍の利益のためにのみ、発せられたものばかりではなく、わが国の秩序を維持し、公共の福祉を増進するためのものも、存在する。かかる指令は、最高司令官から発せられたというだけの理由で、わが国法となり得ないとはいえない。

従って、指令の内容において、合憲なものは、平和条約発効後も、その限度において、国法として存続させることは、わが国の自由である。そして、法律八一号はポッダム命令は、平和条約発効後一八〇日間にかぎり、法律としての効力を有する旨を規定しているのであるから、本件政令も、その内容を充足する指令が、合憲な限りわが国法として存続する。

しかし、法律八一号を以てしても、内容違憲の指令を適用することを認めることは許されない。そして本件に関する昭和二五（一九五〇）年六月二六日付及び同年七月一八日付連合国最高司令官の指令は、わが憲法が禁止している検閲制度にもまさって、言論の自由を奪ったものであって、憲法二一条に違反するから、本件政令は、右指令を適用する限りにおいては、法律八一号にかかわらず、平和条約発効と同時に、その効力を失うものである。

従って、その後に施行された法律一三七号も、限時法の理論も、憲法違反の故に失効した法規の効力を、復活または存続させることはできない。この故に、本件は原判決後に刑が廃止されたときに準ずべきことであるから、原判決を破棄し、被告人を免訴すべきである、というのである。

田中、霜山、斎藤、木村四裁判官の反対意見の要旨は、勅令五四二号及び本件政令が、占領下において、憲法にかかわりなく、法的効力を有したことは、多数意見と同じである。被告人の本件犯行は、わが国が、連合国の管理下にあり、本件政令が有効に存在した当時これに違反して行われたものであるから、同政令による処罰を免れないものである。およそ、犯罪者は、行為時法によって処罰されること、そして行為時法の効果として既に生じた刑罰権は、その後における大赦または法令によって、特に消滅させせられない限り、存続するのは当然である。ところで刑訴四一一条五号、三三七条二号にいう「刑の廃止」とは、行為時法によって生じた刑罰権の放棄であるから、その刑罰権を生ぜしめた法規が、行為の後、単に将来に向って廃止されたからといって、刑の廃止があったとはいえない。すなわち、既に生じて終った刑罰権を同時に放棄、廃止する明示又は黙示の国家意思の表現がない限りは刑罰権が当然消滅する道理がないからである。とくにいわゆる限時法の場合には、法規の廃止又は消滅後もむしろ立法者が、法律効果たる刑罰権を放棄しない意思を有すると見るべきである。

そして、本件政令は、初めから占領中のみに限り、有効に存在し、占領の終了と同時にその効力を失うべき性格の政令で、いわゆる限時法に属する。されば、勅令五四二号及びそれに基く本件政令が平和条約発効と同時に失効したとしても、本件政令違反により、既に生じた刑罰権を放棄したと認むべき、明示または黙示の国家意思は認められない。のみならず、法律八一号、法律一三七号の一連の法律は却って、その刑罰を特に廃止しない旨の、明確な国家意思を表明しているから、刑の廃止があったとの所論は採用できない。さらに、犯罪が成立したかどうかは、行為時法によって決すべきものであり、裁判時においても、行為時法そのものが、存続していることを必要としないのであるから、本件犯罪の前提たる指令の内容が平和条約発効後において、憲法二一条に違反するか否かは、判断すべきことではない。

故に本件上告は理由ない、棄却せらるべきものである。

右のごとき判決理由をよんだあと、私は、「人権民報」紙に、次のような一文を書き送った。

《有罪主張の裁判官を国民はどう見る》

占領軍司令官の意思は、占領地域において法律となる。その法律は、占領軍のために、絶対に必要なことに限られている（ヘーグ条約四十三条にも書いてある。この条約は有効である）。

以上は、国際法の法理である。占領軍司令官の意思によって制定された法律は、「占領地人民の総意」ではない。人民の意思とは、無関係のものである。またこれは日本の天皇の意思ではない。天皇は、司令官の意思を取次いで、日本国に、それを公布しているに過ぎない。政令三二五号というのは、日本国の法規ではない。

その法規にふれた人は、日本国のために、害を与えた人ではない。唯一時的に、日本国を占領している外国軍のために、害をなしたにすぎない。

それであるから、占領法規が、失効し、占領軍が、日本からさってしまえば、その法規にふれて、犯罪人となった人は、犯罪人といわれる理由が、全く消滅するのである。

その日本人に対して、いぜんとして、「犯罪人である」と判断する人は、日本の独立権と、日本人の基本的人権とを、全然否認して、テン然たる人である。理論上そうなる。

このような人が、日本の裁判官として、日本人から、承認されるべきものであろうか。国民は厳粛に判断すべきである。

しかし、政令第三二五号は、全然、死滅したわけではなかった。

「第二次神戸事件」に関し、一九五三年八月十九日の「毎日」は、「神戸発」として、その論告、および三二五号政令の適用理由を報道している。大きな人権問題である。

占領法規は、何人が論じても、既に無効と定っている。無効の法規を、今日になって、「無罪推定の人民」に、適用しようとする裁判は、憲法第七十六条第三項に違反する。裁判官は、そういう不法の裁判を行う権利を有していない。

「占領終了後も、政令第三二五号は、限時法的性格を有し、講和発効後も、それ以前の違反行為を、処罰し得る」という主張は、法理に反している。それは、最高裁判所の最近の判決を、侮蔑した人のみが、敢て主張し得る意見である。そういう行為は、「良心をもって、憲法および法律を適用する行為」とはいえない。それは、ことさらに、「犯罪人を作るための主張」、と解し得る。それは、憲法第七十六条第三項に違背した行為である。不法である。

「罰則の経過規定を設けないと、廃止直前に、ポツダム政令の違反を、いかに大規模に敢行しても、結局処罰できなくなり、講和発効前における国内法秩序の全面崩壊をもたらすことになる」という主張は、内務政策上の議論であって、法理論ではない。それは、憲法第七十六条第三項に反する言論であって、裁判官としては、主張してはならない言論である。不法の言論である。

占領法規は、国際法上、敵軍司令官の意思そのものである。それは、法理上、その占領終了後は、自動的に消滅するものである。その以前には、効力はある。だが、それは、「国内法」と単純によびうる性質の法規ではない。であるから、その法規に反した行為が、その処罰の元をなす不可離の占領法規とともに、犯行の性質を失ったところで、それは、「国内法秩序の全面的崩壊」

というような大袈裟なことが生ずる理由はないのである。そんな言論は、「占領法規」と「国の法規」とを、同一視してる錯覚から生じ来る不当の論たるを免れない。

基本人権の尊重者は、右のように主張せざるを得ないのである。

5　占領法規はどうなるか

敵地を占領した軍は、その軍の安全を確保することが、軍即ち国の自衛上、絶対的に必要である。それにしても、軍は、占領者であって、領有者ではない。従って、占領軍は、軍のために、絶対の必要ない限りは、或は絶対的の支障のない限りは、占領地の現行法律を、尊重する義務を有している。この国際法上の法理は、海牙《ハーグ》条約第四十三条に規定してある。有効の条約である。この法理は、日本の憲法第九十八条第二項に認められてあって、「最高の法規」と、憲法は定めている（憲法第十章）。

日本を占領した連合軍司令官は、この法理を守るべき義務を負っていた。

占領軍総司令官は、「絶対的の支障がある」、と自ら判断した場合には、占領軍のために、法規を自ら作り、または、日本政府を利用して作らしめ、それを、日本に施行した。それが、「占領法規」であった。それが「政令」の形式で行われていた。

占領軍のために、「絶対の必要あり」と認められたことは、日本民族のために、「必要である」ということではない。混同す可らざることである。

占領法規は、軍司令官の意思である。日本民族の意思ではない。即ち日本の法規ではない。占領軍の法規である。

平和成立し、占領が廃止されれば、占領軍は日本を去る、占領軍司令官も日本を去る。彼らの意思は、かくして、日本から消滅し去るのである。

占領法規は、講和が成ると同時に、自動的に無効となる。取消の手続が行われなくとも、消滅するのである。

敵軍が、日本を占領している間は、日本の憲法に反する占領法規も、国際法上、及び憲法第九十八条第二項により有効の法規として、存在するのである。日本人には、この点の理解が欠けている。占領法規が、ポツダム宣言に反していても、占領軍が、有効に日本を占領している間は、有効の法規として、存在する。それは、軍のために、「絶対的必要」の法規として、制定され公布されたものだからである。

連合軍司令官は、占領中、占領法規に基き、多くの日本人を、占領法規違反者として、有罪を宣告し、憲法上の日本人の人権を侵害した。

それらの犯罪人は、「日本国に対する犯罪者」ではない。ただ単に、占領軍司令官の意思のみにより、有罪と見られ、処罰されたに過ぎない。だから、占領軍が、日本から去れば、それらの日本人は、わが日本から見れば、全然有罪者ではないのである。日本民族は、それらの人々を、有罪者と見る理由を、全然有しないのである。

右の法理により、多くの日本人は、遅ればせながら、自由の人間に戻った。ただしこの判決に反対した裁判官が数人いた。それらの人々の意見によれば、「既に発生成立して終った既成の法律効果を、同時に放棄、廃止する国家意思の表現がない限り、法律効果そのものが、当然消滅する道理がない」というのである。この説は、法理をなさない。法律と法律の効果とは、頭脳と胴体との関係にある。一体のものである。二者を分離し区別して見るのは、何んの理由があるのか。その説明なしには、この説は全く成立しない。また「国家意思の表現」とは、旧憲法時代の古い考え方である。今日の憲法では、「国」も「国民」も、同一の意味の文字である。或る国際的の法規が、自動的に消滅する法理は、全文明国民の承認済である。日本の国民は、同じ文明国民である。そして憲法第九十八条をもって、「成立している国際法規は、日本の最高法規の一をなすものである」と規定している。それは、「国民の総意」である。「国家意思の表現」なぞは、今の憲法上では、意味をなさない主張である。旧式の人の時代錯覚である。

四人の判事は、国際法の法理に疎い。

連合軍の占領期間中に、「団体等規正令違反」、即ち、「占領法規違反」として、有罪の嫌疑を受けた日本人が、若干あった。その団規令は、今日は無効である。反古紙となったのである。その無効の法規を基として、それらの人を、今日公訴に附することは、「法律によらずして、人民を裁判に附そうとする企図」である。それは、人民の基本人権を侵害すること甚だしい不法の行為である。即ち憲法違反である。従って、その検察官（即ち行政官）の行為は、無効である。裁判所は、その憲法違反の公訴を、受理する権利を有しないのである。それを受理したことは、憲法上不法である。

　裁判は、憲法上、「憲法と法律とのみ」によって、行われる（憲法第九十八条）。無効となった法規は、反古紙であって、法律ではない。裁判は、その反古紙に基き、裁判することを、ゆるさない。

　それは、憲法違反だからである。裁判官は、この法理を知らないはずがない。

　占領法規は、その全部の法規が、無効となったのである。だから、その「中の一部」のみを、有効として、存在せしめることは、不法である。従ってそのような法規があれば、それは無効である。

　破防法の「附則」には、団規令《だんきれい》即ち占領法規を、「無効である」と規定している。そして、同時に、「その法規の一部のみ」は、「旧の例による」と規定している。この「一部を有効と規定した規定」は、無効の法規を、有効となしたものであって、人民のための福祉を脅し、危険な規定である。立法府の過ちである。その附則は、憲法第十三条に反する人権無視の規定である。従って、憲法第九十八条第二項により、明かに無効である。裁判所は、この無効の法規を、わが日本人に、即ち「無罪を推定されている日本人」に、適用する権限を有しないのである（憲法第七十六条）。

日米講和条約により、日本の国民は、完全に主権を有する民族であることが承認されている。この条約は、憲法第九十八条により、日本の最高法規をなしている。

占領軍司令官の去った後の日本において、占領軍司令官の意思（意思の全部でなく、一部であっても）を、日本の領域内に、有効に成立せしめて置くならば、それは、「日本の独立、自主の無視」である。それは、上述日米講和条約の無視となるのである。日本の法律をもって（破防法）、日米条約を、無効とすることはできない。条約の方が重い。それは明白な法理である。

裁判官は、右の法理を重んじて、破防法の附則の有効を認めない義務を有している。裁判官は、「憲法と有効の法律とのみ」に拘束せられる。それが、裁判官の、憲法の第七十六条にいわれる裁判官の良心である。

むすび　憲法改正問題をどう取扱うべきか

新憲法は、その「前文」に明示してある通り、日本の人民が確定したのである。「ここに主権が、国民に存することを宣言し、この憲法を確定する」と明記してある。

人民即ち国民が、主権を有し、その主権によって、憲法を確定したのである。旧憲法のように、天皇が、日本の憲法を制定したのではない。それであるから、日本人民は、その有する主権により、憲法を改正しうることもちろんである。憲法の改正については、憲法第九章に、その手続が定めてある。それによれば、各議院の総議員の三分の二以上の賛成あることを要する。そして、国会が改正を発議し、改正を、日本人民即ち国民に、提案する。そして国民の承認を求める。それには、国民投票によるか、または、国会が定める選挙のさい、行われる投票によるを要する。そして、投票が過半数をえたときに、初めて憲法が改正される。その改正された憲法は、この憲法と一体をなすものとして、天皇が、国民の名で、ただちに、それを公布する。天皇は、ただ単に、改正の手続を行う機関に過ぎない。それは、天皇は、国の主権者でないから、当然のことである。

憲法は、必要に応じて、改正さるべきものである。旧憲法のように、「不磨の大典」なぞと称し、天皇以外の人は、改正を申出でることができないようなのは、はなはだ不当のものであった。それは、天皇本位の主義から、このような、不当な規定が設けられていたのである。

今の日本に、憲法は改正はできないとか、容易に改正すべきものでないとか、唱える人のあるのは、旧憲法にまよわされている不明の人の言であるといえる。人類は進歩する。そして国の組織は、進化して行くべきものである。

憲法第九条の改正に関し、今現に、問題が生じつつある。それについて、左に、私の法理観を述べて、日本民族の参考に資する。ただし、すでに、前述したところの問題でもあり、重複するところもある。

吉田内閣の組成者は、軽率にも憲法第九章の規定を無視して、日米平和条約、並に行政協定を結んだ。保守党人の多く集っている国会は、多数をもって、その条約を押し通した。そして形式を備えて、条約を承認した。一種の専制が行われたのであった。

吉田内閣は、当然に、その安保条約に基き、「軍備を漸増する国際義務」を負わされた。ただし、その漸増は、安保条約の「前文」に書いてあって、「各条としての規定」に書いてあるのではない。それであるから、「日本は、軍備漸増の義務を負ってはいない」なぞと、吉田内閣の人は弁明し、また日本人民の中にも、それに同ずる論者もいた。けれども、「前文」は、締約国の一方のみの宣言ではない。締約国の合意して作った「前文」である。だから、日本は、米国が、前文をもって表示した主張に、同意しているのである。即ち漸増は、二国の約束であって、日本は、軍備漸増を承諾しているのである。明白の法理である。その約束に押れて、吉田内閣は、軍備を作り、それを、軍備といわずに、警察隊であるとか、保安のための隊であるとかと「ゴマ化」しているのである。彼らは、人民をあざむいて、無理無体に政権を握っているのである。「責任政治国たるの約束」を、彼らは蹂躙して、少しも恥じとしないのである。彼らは、明らかに、ポツダム宣言の違反者である。従って又憲法第九十八条の無視者である。信用し得ない内閣である。

吉田内閣の人は、「戦力とは、近代戦争遂行に役立つ程度の装備編成を備えるもの」であると、国会で公言している。その解説によれば、「中共には戦力はない」。「ソ連にも、つい先日までは、戦力はなかった」というのである。それならば、中共やソ連に対して、「日本は、戦力無用である」と、説くことが、合理である。なぜ日本の吉田内閣は、中共やソ連を、強度に敵視し、恐怖し、それらに対して軍力を漸増するのか。それは、全く、「日本人欺瞞の政策である」と評せざるをえない。

「戦力」とは、「交戦する軍力」のことである。敵と戦って、「必勝の軍力」ということではない。「必ず勝つ力」を備えるとは、危険な空想である。日本の過去の政府は、「戦えば、必ず勝つ」と唱えて、傲然としていた。だが、戦って大敗し、降伏の辱めを受けたのであった。それを忘れるには、余りに早きに過ぎることを、日本人は、反省すべきである。

今の文明国は、各々その国力に応じて、相当の軍備を有している。いずれも、「戦力」と信じている。「装飾品」とは思っていない。日本の政府人は、英仏以下、世界数十の文明国人に対して、はなはだしく軽侮的な放言を、なしているのである。日本民族は、このような非常識の公務員の存在を、民族の恥辱とせざるを得ないではないか。

吉田内閣は、自由党の支持により、成立している。日本民族は、今日の自由党人の欺瞞を憤らざるをえない。彼らは、政治に良心を有するのであろうか。日本人は、政党を重んずる。だが、不合理の主張をなす政党は、日本人民の有する主権により、それを排斥し、攻撃するの権利を有している（憲法第十五条）。民主主義の完成を念とし、日本人民は、現当局の要人や、その以下の公務員に対して、厳正の態度を持し、日本人の平和と文化とを守るべきである。

改進党は、軍備論に関して、自由党のとってきた欺瞞政策に反対してきていた。その改進党は、最近に至って、「自衛のための軍備ならば、憲法に抵触しない」なぞと、いう説を立て、改進党として、それを、公然主張するように変ってきた。だが、この説は、「戦争の放棄」という憲法の明文を、ほしいままに、「侵略戦争の放棄」と、変更しての説である。それは、憲法の変更であり、不法であること、深く論ずるまでもないことである。またこの説は、「交戦権は、これを認めない」という憲法第九条の明文を無視しての説であって、明かに軽率である。交戦権の認められていない軍は、自衛ということのためであっても、外国の軍と、「戦を交える権利」がないのである。そのような軍は、自衛のためにも全然役に立たない。ただ単に、無益の軍人団を備えるに過ぎない。それは人民の生血を絞ることである以外の何ものでもない。憲法上、それは憲法の無視である。不法であることは、明白である。文化生活の破壊であって政治ではない。

米国は、日本の憲法を、充分に知っている。それであるのに、横着にも、憲法に反する条約案を制定し、それに基いて、多くの国をして、講和条約に調印せしめた。又安保条約を作って、日本の吉田全権らをして、それに調印せしめたのである。今の米国外交には、全く誠意がない。日本人を、ただ単に、自国の利益に頤使しているのである。その条約は、守るべきではない。

日本の政治家は、かつて見ない程の自国の無視者である。それらの、米人に、追随して、結んだ条約は、法理上日本としては、その効力を認めえない。日本人は、憲法を改正して、ただ米人におもねるような極度の卑屈から、速かに脱出すべきである。それは、主権ある日本民族の、国際上の権利である。米国は、日本人を強制して、憲法を無視し、安保条約に、重きを置かしめる権利を、断じて有しない。

軍備は、仮想の敵なしには、置くを要しない。今の日本には、未だ仮想敵なるものを、見出しえない。ソ連と中共とを、「日本の敵国」と見ることは、余りに、非常識な盲目判断である。およそ友人に対して、それを敵人と呼ぶようなことは、狂乱者の態である。「今日の米人を、絶対に信ずべし」という阿諛は、日本人としては、認めることは不可能である。相手が米人ならば、七百の基地を供し、米人に、治外法権を認めても、日本の独立は、守られうるという理論は、断じてない。米人は、平和の民であるとの保障は、事実に照して、有りえない。ソ連と中共とは、侵略国であるとの証明は到底立てられえない。日本は、米、英、ソ、中の四国と交戦した。そして、敗北し、降伏した。日本のその敵であった四国を、今日としては、同等同位の国と見て、それと共に、平和の道を歩むことを努むべきである。何んの理由があって、ソ連と中共とを敵視し、米国のみに倚頼し、極度に服従するのか。日本は、事実上、又憲法上、資本国ではない。何故に大なる資本国米国の膝下に畏服したり、狂喜したりするのか。理由のない考え方ではないか。

敵あってのみ、軍備はありうる。今日の日本は、軍力を置くべき国情に置かれてはいない。何故に、「自衛自衛」と日本人は唱えるのか。憲法を改正して、いずこの国を敵視し、対抗しようとするのか。

もしも、米国に屈従し、米国の資本主義を守ることに利用され、わが民力を無視し、日本に巨大（二十万、三十万）の軍備を置くというのであるならば、日本人民は、その有する主権をもって、この不明の主張に極力反対し、憲法改正を即時否決し、日本の独立、自衛、平等を、固守すべきである。これは、憲法を守り、また国際法を護る日本人の正しい態度である（憲法第九十八条）。

憲法に多くの欠点がある。私はそれを、重ね重ね指摘して来ている。もしも憲法改正を断行するというのであるならば、第九条の改正に、限るべきではない。憲法の「前文」も、改正さるべきである。第一条も、必然に改めらるべきである。「象徴」なぞの文句は、憲法として、曖昧無益の規定である。

憲法改正は、国民の有する主権をもって、どのようにも出来る。

保守党人の唱えている改正論は、自己の行った失政の点綴《てんてい》に過ぎない。日本国民としては、一度改正に着手する以上は、完全な民主の憲法となすことに、その全精力を捧ぐべきである。

改正問題はそこまで行かなければならない。

私の歩んだ道

一九五二年八月三十日　蜷川　新

1　子供時代の教育と精神

私は、明治六（一八七三）年に生まれた。そうして七日ののちに、父をうしなった。私は、父親を知らない人間である。

私は、駿河《するが》の国（静岡県）の海岸の袖師《そでし》で生まれた。興津《おきつ》の隣り村である。私は生まれてまもなく、母にいだかれて東京に移った。母の生家は、徳川時代から神田明神下《かんだみょうじんした》にあった。母の実父、すなわち私の祖父は、播州《ばんしゅう》（兵庫県）林田《はやしだ》の旧藩主であったが、まだ生きていたのであった。母は、その生家の建部家をたよって、東京に出たのである。

私は、一家が無録移住をした駿河で生まれたのであり、生まれながらにして、逆境におかれた不運な一人間であった。

当時の東京は、おごれる薩長人をはじめ、各藩から集まりきたった勝利者の占領地となった直後であった。すなわち、革命後の混乱の社会であった。

私の母は、やがて麹町三番町《こうじまちさんばんちょう》の実弟、坪内《つぼうち》家の邸内に移ることになった。私はそこで、十五歳まで、母とともに生活した。私は七歳以後は、当時から有名な番町小学校に学んだが、学問、思想、行動は、先生から模範少年としてほめられていた。ただし、町の人びとには、いたずら者として、市ヶ谷見附《いちがやみつけ》から九段《くだん》にいたる間の人びとからは、憎まれはしなかったが、評判されていた。

私はそのあいだに、漢学を清田嘿《もく》先生に学び、英語を無名の先生に習い、また特に数学の先生について、代数や算術を学んだ。私の母は、親切に私を養育した。「一大人物となるよう。」にと、母はいつも私をはげました。母は私に、わが家の昔からの歴史を、よく説ききかせた。また、維新当時の事情を、よく話された。

私が五歳のときに、空中にものすごい箒星《ほうきぼし》があらわれたが、母は深夜、私を庭につれだして、そのおそろしい大きな星を指さし、「あれが、西郷《さいごう》の怨霊だと、みんなは言っている。」と、私にきかせた。私は、まだほんの五歳の子どもであったが、永年、かき消すことのできないほどの強い感じを、そのときに受けた。七十四年をへた今日でも、その大きな、かがやいた彗星《すいせい》とその場面とは、私の眼に映っていて、消えさらない。

私はある日、母につれられて、小石川《こいしかわ》の大学植物園へいった。十歳ぐらいの時であったろう。母は私にむかって言った。「ここは、蜷川《ながわけ》家の下屋敷《しもやしき》であった。明治元年三月から十月までのあいだ、一家は二人の旧臣と数人の下男下女とともに、この屋敷に住まっていた。その五月には、彰義隊《しょうぎたい》の敗兵数名がこの屋敷に逃げこんできた。一家は、今夜こそは官軍の刃にかかって、皆殺しにされるだろうと心配もしたが、覚悟もきめた。しかし、敗兵はどこにか去って、一家は無事だった。しかしその後、ある夕刻に、父も母も中二階で夕食をともにしていた時に、山上から、突如、一発の弾丸が飛んできた。その弾丸は、座敷のかもいにあたった。父母は食事をやめて、階下におり、静かに山上のようすをうかがって見たが、なんの異変も見られず、そのままで終った。」と、私に話してきかせた。子供ながらにも私は、それをきいて憤りなきをえなかった。そのときの母の姿と容貌とは、今もなお、私の眼底に残って消えない。

私は、子供の時代に、三番町に住んでいた清田嘿《もく》という漢学の先生の塾に、毎日かよった。先生は、幕府時代には与力《よりき》の身分の人で、漢学には深い造詣があった。漢文の著書も数種あった。先生徒も、たくさん通っていた。先生は、いつも、維新当時の江戸の実相を私に話しきかされたが、そのなかには、西郷が江戸市中に放った強盗五百人の掠奪事件のくわしい話もあった。与力よりきは、幕府の警察官として、強盗押入りの知らせがあれば、ただちに隊を組んで、その捕縛にむかって、挺身するのであった。人民の財産を強掠するのが西郷らの仕事であって、幕府を攻めるのでもなく、市内に反乱をおこさせるのでもなかったことを、いつも先生は、くわしく私に話された。彼らには、なんらの道義心のなかったことを、力強く私に話されるのであった。正義心にもえていた少年の私は、子供のときから、彼ら政争者の残虐非道をにくまずにはいられなかった。私は、その時代からすでに、レジスタンス式の精神を、うえつけられていたのである。私は、張良《ちょうりょう》が秦《しん》の始皇帝《しこうてい》を、挺身襲撃した古事を、漢学によって学び、張良の強く正しい意気を、深く敬慕していたものであった。後年にも、私はその絵を床の間にかけて、観賞するのをたのしみとしている。

2 高等学校と大学時代の私

私は、自分でかってに、自分の方向をきめて進んだ。私は、はじめは、海軍に身を投じて、海国に身を投じて、海国日本のために一生をささげようと考えた。しかし、一度、兵学校の体格試験を受けたところが、「虫歯が一本多い。」というので、はじめからはねられた。私は、そこで、海軍を見かぎった。そうして私は、東京大学に学ぶことに方針をかえた。

私は、明治二十二年に、第一高等学校に入学した。私は仏文科にはいり、将来は外交官となることを決心した。私は、英雄の伝を読みふけった。友とともに暴飲もやった。先生にもたびたび反抗した。教場で、ときどき、神道を説く文学士の先生を、公然、教場でからかったりした。王朝文学を講ずる文学士の発生にむかって、和文の気力のないことを、公然、非難したりした。先生からは、「君はだめだ。」といわれ、取りあわれないこともあった。それは有名な落合直文《おちあいなおぶみ》先生であった。私は、フランス語は大いに学んだ。フランス大使館の通訳官とも交わった。私は学校の長い休暇には、各地を旅行した。その旅行の仲間で、後年には日本のために大いにつくした友人が数名いた。内閣にはいった渡辺千冬《わたなべちふゆ》、世界的の学者となった農博、鈴木梅太郎《すずきうめたろう》、京城大学の総長だの、李王《りおう》職長官だのになった法博、篠田治策《しのだじさく》だのが、それである。私は、高等学校の例の祝祭日の日に、興に乗じて。朝から酒を飲みすごし、夕方の四時には、まったく体が動けなくなって、あの広い弥生《やよい》ヶ丘《おか》の運動場の上にたおれ、友にたすけられて寄宿寮に運びこまれたこともあった。

私の行為について、母はさだめし、その心のなかで憂えていたことであろう。しかし、なにごとも言わずに、母は私のなすにまかしていた。母の恩は、後年になってから、しみじみと私の胸を打ち、まことに相すまなかったという悔悟を、生ぜしめてやまないのである。私は、生来、自由を愛した。自由に学生時代を送ったのであった。詩吟が大好きであった。

3　一年志願兵として入隊

私は、大学を卒業したならば、ただちに外交官となって、世界じゅうを飛びまわろうと考えていた。そこで、高等学校を卒業するや、軍隊にはいり、軍事をいちおう心得て、後年の外交官としての活躍のための参考にしようという決心をもった。私の友は、私を、もの好きだと笑った。私は、ひとりで身の方向をきめた。私は一年志願兵として、近衛《このえ》第四連隊に入営した。明治二十九年十二月のことであった。それは、日清戦争直後のことであった。

軍隊では、傲慢で低級な下士官や上等兵に、そうとうににくまれた。あるときは、下志津原《しもしずはら》の遠いバラックに連れてゆかれ、闇打ちをくらう直前までいったこともあった。だが、私の正論に、彼らは圧せられて、たくみに私はその場を切りぬけた。私は幸いにして難をまぬがれ、自分のバラックに帰ることができた。連隊長や大隊長らには、私は大きな信頼を受けていた。

あるとき、黒木《くろき》近衛師団長の検閲がおこなわれた。私はひとり、青山《あおやま》練兵場に引きだされた。師団長はじめ参謀らがならんでいた。一人の大尉は私の前に立ち、「服従の定則をのべてみよ。」と命じた。私は、形のとおり静かに答えた。ついで、その大尉は、「どんな命令にも服従するか。」と、重ねてたずねた。私は、「天皇の命は正しいと信ずる。それゆえに、服従する。不正の命令には、私は断じて服従しない。」と、厳然として答えた。その大尉は私を叱って、「それは、服従の定則に反するのではないか。」と責めるがごとくに、私に問うた。私は、「それは、正しい見解でない。」と、頑として強弁した。それで私にたいする試験はおわったが、その夕刻にその大尉は、「君！ じつはみんなで協議したうえ、君にあの質問を発して、おもしろい場面を展開し、師団長に披露しようという芝居であったのだ。」といった。

私は、連隊でよい経験をつんだ。そうして、私の体格は、ひじょうに堅実のものとなった。私は、一年と三ヵ月を隊中にくらした。そうして少尉となって、ふたたび自由の学生となって、大学に学ぶ身となった。母はだいぶに老いの身となっていたが、大いによろこばれた。

4　東京大学入学とその以後

私は、東京大学の法律科に入学した。そうして、主としてフランス語と、国際法とを学んだ。学生時代に、私は、ルノールの有名な国際法を翻訳して出版した。フランス語の力をつけるためであった。私はいく人かの学友とともに、演説の講習会をつくって、大学の大教室で演説の練習をやった。その仲間には、後年に有名となった人がいる。長島隆二、小川郷太郎、渡辺千冬、中川健蔵らが、それである。スイス人の教師ブルデルには、私は大いに信用された。民法の講義を受けたが、私は、そのフランス語と講義を、大した誤りもなく筆記しうるようになった。私は、外人で日本を訪れる人のために、通訳となって日光《にっこう》の案内をやったこともあった。外人を理解することが、私の目的であった。私はそれによって、得るところは多かった。

私は、明治三十四年に法科大学を卒業した。まず自身で大蔵省に行って、就職を求めてみた。

係官の一書記官は、その机の上に準備してあった「大学卒業生の成績表」と私とを対照し、私と少しばかり話をまじえたが、私にむかって採用を約束された。私は関税課の勤務となった。その課長は有名な目賀田種太郎《めがたたねたろう》氏であった。私にむかって、「そのうちに、在外財務官が設置されることになっている。君をそのほうに当てる予定である。」といった。私は、目賀田氏の人物に非凡のところがあるのをみとめて、唯々として、その命にしたがっていた。あるときは、えらく叱られたこともあった。

私はひそかに外交官試験を受けてみた。試験官は書記官石井菊次郎氏であったが、フランス文の書いてある一枚の紙を私に渡した。それを読んでみろと言われた。私はすらすらと読んだ。石井氏は、「どういう意味か。」と私に問われた。私は、「わからない。」と答えた。「なぜか。」と問われた。私は、「フランス文の文字が、二つ私にわからないのがある。それで意味が取れないのである。」と答えた。石井氏は、「教えてやろう。」と言われた。私は、「試験場に出てきて、知らない文字を教えられては、私の不名誉である。」と、キッパリと答えた。石井氏は少しく怒気をふくんで、「それならば、もうよろしい。」と言われた。私はそれで、試験は落第ときまった。私は、それも運命だと思った。私は、官吏は私にはむかないと考えた。そこで、大蔵省も辞職した。目賀田氏は、私をその邸にまねいて、「思い止まれ。」といわれたが、私は固くことわった。明治三十五年のことである。

私は、みずから読売新聞社に行って、臨時の記者に採用された。私は大いに政治を論じた。岳南のペンネームで書いたが、自由で、はなはだ愉快であった。やがて渡辺国武《わたなべくにたけ》子爵は、伊藤内閣の大蔵大臣を辞し、あらたに新聞を発行されることになった。私は渡辺子爵をかねて知っていた。そこで、その新聞に転ずることになった。電報新聞といった。私は社に宿泊して、新聞事業に身を投じた。その当時、私は大学院の学生に席をおき、将来は自由な学者になることを志していた。明治三十六年のことである。

その当時は、日露間には不穏の事態があらわれ、有名な七博士は、率先して開戦を叫んだ。私もその一味の応援者であった。私は開戦を論じていた。明治三十七年の二月に、開戦の宣言は発せられた。同時に、旅順港の襲撃がおこなわれた。私は、予備の陸軍少尉であったところから、ただちに召集されて、軍隊の人間となった。私は第一軍司令部付の国際法顧問を命ぜられて、黒木司令官らとともに、宇品《うじな》から出発し、大同江《だいどうこう》をさかのぼり、平壌《へいじょう》についた。その以後は、国際法上の違反がおこらないように、私は軍司令部参謀にやかましい意見をのべ、満一ヵ年を、満州の戦場におくったのであった。

明治三十八年三月、私は陸軍省の命令により、名古屋の俘虜収容所附に転じた。旅順《りょじゅん》で勇戦した有名な将官らが、名古屋にいた。私はその取締りにむけられたのである。私は俘虜から敬愛された。そこにいること三ヵ月であったが、俘虜は私に大いに感謝した。当時の日記は、私の手もとに保存してある。人類愛の実行であった。私は交際社会で大いにもてたのも一つ話である。

同年七月私は、新設された樺太《からふと》軍の国際法顧問にされた。樺太の占領にかんして、私は大いに人類のために働いた。その事業は、意義の大きいものであったが、詳細はここにはぶく。ポーツマスの平和条約が成立して、樺太軍の大部分は日本に帰ったが、私は一箇連隊とともに残された。樺太引き渡しの事業にあたることになった。いっさいの談判は、私ひとりでおこなった。これもまた意義の大きな外交事務であった。当時の記録を私は保存している。日本の占領していた北部樺太の引き渡しは終了した。無事にすんだのを陸軍大臣らは大いによろこんだ。

私は、十一月日本に帰ったが、陸軍大臣は、私に旅順にいって、「外人の遺留財産の整理委員」となるように命じた。私は、それを引き受けて旅順にいった。この事業は、全満州における外国人の遺留した動産不動産を、整理することであったが、そこに私は、一年三ヵ月のあいだ留まっていた。その事業のなかには、撫順《ぶじゅん》の大炭坑を、ロシア人とシナ人に還付すべしという請願事件もあった。それは、ポーツマス条約のなかに、ロシアのために有利な条文が挿入してあったところから生じた一大事件であった。私はその問題を、ロシア人と毎日、談判した。ついに日本のために有利に解決したのであったが、それは、私として大事業であった。

私は、その任務を終了して日本に帰った。明治四十年三月のことである。それから私は、韓国政府の官吏となることになった。目賀田顧問のもとに、経理の事業をおこなう任務であった。まもなく韓国は、イギリスの支援をもって日本の保護国となった。それ以来、私は韓国宮内府《くないふ》に入り、宮中の一大改革をおこなう任務をあたえられた。私は大胆に、宮中の大粛正をおこなった。この時代に、多年、李太王の寵人であり、顧問であり、韓国の外交を一女子の身をもって引きずり廻していたフランス人ゾンタク夫人と、私は最初は大いに抗争して、その専恣《せんし》を押えた。しかし、私は伊藤統監から命ぜられて、その夫人と和睦した。そうして日本の外交を勝利にみちびいたのであった。

韓国にあること六年であったが、伏魔殿といわれた宮中は、まったく粛清された。李太王は相当の人物であったが、私には一目をおいていた。私は目的を達して、いさぎよく官を辞したが、李太王は寺内《てらうち》総督に人を派じ、「あと二年だけ蜷川を留任せしめたい。」と申し入れられた。私は固くことわったが、李太王の策略であったかとも思われた。

私は大正元（一九一二）年十月に、京城において文部大臣から学位を授けられた。私はこれを機会として、事務の人間から学界の人間へと一転した。そうして私は、大正二年三月をもって、ウラジオストックに渡航した。そこからモスコウに向かった。そうしてパリーにゆき、専門の学問に志した。ついでに私は、全ヨーロッパを旅行した。私は大正三年九月に日本に帰った。

私は、明治三十七年二月以後、大正二年三月にいたるまでの十余年の歳月は、極東において、日本民族の自保自存のために、一身をささげて働いたものである。私には地位や収入など、まったく眼中になかった。予備の一中尉として、あるいは一嘱託として、あるいは韓国の一小官吏として働いたのであったが、私には、眼中に長官はなく、自由な一人間として、日本民族の光栄と自由とのために奮闘した。私の基本とする原則は、国際法であり。人類の福祉であった。私は、ロシア人の生命も相当に救った。シナ人、朝鮮人の生命や財産も保護した。日露の戦中また戦後の対外政策の一端に、私はあずかっていたけれども、私のなしたことは、けっして侵略ではなかった。侵略への反抗であった。私と接したすべての外国人は、私の誠意をみとめて、いずれも感謝してくれた。私は、民族の自由と平等とを、第一義として働いたのであった。

5 学界入りについで再渡欧

私は、大正三年九月にヨーロッパから帰ると、当時、京都に創始せられることになった同志社《どうししゃ》大学に、教授として就職することになった。私立の大学を発展せしめることは、日本の文明のために、必要であることを私は信じていた。

同志社大学では、満三年のあいだ、国際法と外交史の講座を担当していた。希望の学生もそうとうに多くいた。今日でも、社会にそうとうの地位を占め、私と交遊している人もある。私は一時、健康をそこない、肺病の初期のように医師からいわれた。私は京都に引きこんでいるのを、愉快としなかった。そこで私は、三年の勤務をおわって辞任し、大磯《おおいそ》に閑居することにした。私は自然を友として、しばらく遊んでいた。

大正七年の春、日本赤十字社は、石黒社長の代理として石黒忠篤《いしぐろただあつ》氏を、私の大磯の私邸によこされた。そうして、日本赤十字社の顧問使として、ヨーロッパに行くことを申しこまれた。私は、二日の後にそれを承諾した。そうして、ヨーロッパの戦地に行くことになった。一行は、徳川慶久《よしひさ》公爵と赤十字の医師と合計八人であった。

われわれの一行は、まずアメリカにわたった。そうして大西洋をこえてイギリスにわたった。第一次大戦の末期であったが、まだいずれの国でも、ドイツの敗北を予断する人はいなかった。洋上のわれわれは危険であった。艦隊を編制して、軍艦に護衛され、ものものしい警戒のもとに航行するのであった。幸いにして敵の襲撃をこうむらずに、約十日の航海をへて、われわれはイギリスに上陸した。それからフランスにわたり、フランス、ベルギー、イタリアの前線に進み、軍と赤十字とを慰問した。医師は三名をつれて行ったが、先方で希望するならば、先方の病院に残留せしめる方針であった。ところが、各国ともに、医師も十分に準備してあったので、ただ、たんに視察して、日本の医師は日本に帰ったのであった。その方のことは、じつは無益であった。しかしながら、未曽有の大戦のおこなわれているヨーロッパにいって、政治、経済、人道を研究したことは、じつに甚大の利益があった。

私は各国の国王や、政治家や、学者や、軍人や、一般人やに接触して、いろいろのことを研究した。その研究の結果は、かねて約束してあった陸相田中義一氏にたびたび報告した。また私の視察と感想とは、私が著書をもって、世に報告してある。(『復活の巴里より』という著書が出ている。)私は知人の田中陸相から、ドイツ軍のおこなった「占領地行政」をくわしく調査することを、出発前に依頼されていたのである。私はフランスの陸軍省に申し出て、ドイツ軍の全占領地を、フランスの一陸軍中尉をともない、一週間にわたって、くわしく調査したのであった。フランスの陸軍はよく私を知っていた。

私は大戦の悲惨を目撃して、世界の平和永続の方策を研究した。そうして、第一次大戦が終ったのちも、赤十字事業を引きつづき平和時に、全世界にわたっておこなうことを、列国間に新たに条約すべきことを、列国の有力者に力説した。それが国際連盟規約の第二十五条となった。またそれが、赤十字社連盟規約の締結となって、世界に新しい「赤十字世界」が、創建せられたのであった。人道、平和上の一事業であることを、私は信じている。

一九一九(大正八年)年のヴェルサイユ会議のときには、私は、フランスの大新聞「タン」、「マタン」、その他いくつかの雑誌に投書して、世界の問題を論じたが、幸いに、パリーに集まった世界の識者の注目を集めた。このときには、外務省の役人も、たくさんパリーにきていた。松岡洋右や、吉田茂や、芦田均も、書記官として来ていた。まだ、名の知れていない、微力の人びとであった。青島《チンタオ》の帰属は一時はシナにゆくことにきまり、日本全権は失望の極に達していたけれども、私の学理による一片の論文によって、それが解決せられ、日本に譲りわたされることになったのである。ただし日本の全権は、このことを偽って、原首相に報告している。

私は、一九一九年五月五日に、パリーで公式に赤十字社連盟を成立させることに成功して、ひとまず帰国を命ぜられ、九月に日本に帰った。しかしながら、その十一月には、ふたたび赤十字会議に出席する任務をおびて、またジュネーヴにむかって出発した。そうして翌二十年の九月に、日本に帰った。各国人は、私の親しい友であった。インド洋上の航海は、私にはたのしみの一つであった。また来ましたかと、途中の内外人にいわれたほどであった。

6　シナおよびシャムへの旅行

私は日本に帰り、まもなく東洋拓殖会社の石塚総裁からさそわれて、同氏とともに満州と北支へ旅行した。そうして張作霖《ちょうさくりん》や徐《じょ》総統に会見した。拓殖上の問題のためであった。四十日の旅行もおえて日本に帰ったが、シャムのバンコックに東洋赤十字会議がひらかれることになり、私はそれに出席することになった。

シャムの国王や王族や大臣や軍人やに会見したが、日本人にたいして、彼らは深い敬意を表していた。王族のなかには、パリーで知己となった人もいた。在留インド人の、集団から招かれて、私は二日、一大会合に臨席したが、「なにか演説を。」との申し出にたいして、私は立って、「インドの独立」を叫んだ。場内は大動揺した。それはイギリス人をおそれる卑怯から生じた混乱であった。しかし、二十年ののちには、インドは、イギリスから独立したのである。世界は変わった。

7　ワシントン会議行きと私

大正十一（一九二二）年の秋、私は陸軍、外務、および東拓から依頼されて、原首相にも面会して、ワシントンの軍縮会議の研究にむかった。全権一行と同船したのであった。私は、私の名を秘して、米国の御用紙ワシントン・ポストに、毎日のように論文を投書して、アメリカ政府の対日方策の不正を批判し、学理に立ちつつ、それを攻撃した。ポスト紙は、真剣に私の論文と取りくんで、紙上に毎日のように長い論文をかかげたが、ついには、私のまえに降伏せざるをえなくなった。そうして、降伏の直前になって、「日本に権力がある」ということを、紙上に書くようになった。ポスト紙の一人の記者は、徳川全権の室をたずねて、「ポスト紙への投書は、だれの意見ですか。」と問うてみた。公爵はなにも知らなかった。「だれの意見だか知らない。とにかく全権側の意見ではない。」と、公爵はいかにも殿様外交家らしく、すらすらと答えた。いっさいは、それで終った。公爵は無能であった。貴族は無用の長物と、私はなげいた。

私はワシントンから、またまたヨーロッパにいった。それは、ジュネーヴの赤十字会議に出席するためであった。そのときの船は、五万トンの豪華なフランスの船であった。美人あり、才子あり、きわめて陽気なものであった。おもしろい話があるが、はぶく。一日、ひじょうなシケにあって、恐ろしい光景を、私はその航海で経験した。私はしばらくパリーにとどまって、ジュネーヴにむかった。そうして会議に列した。

8　数年にわたる国内の講演

大正十一年ごろには、日本人は欧米の大勢を知らず、大勢にはソッポをむいて、マルクス的のインターナショナルが大流行であった。大正二年以来、私は世界の大勢にじかに接してきているところから、その真相を、全国の学生や青年に告げることを必要と考えた。山川健次郎男爵や、清浦奎吾《きようらけいご》子爵は、私にその講演を要求された。私は自己を犠牲にして、それを承諾した。

私は、ナショナリズムの世界的大勢を全国に説きまわった。その折に、福岡と鹿児島の高等学校では、激烈に私に反対した。しかしながら、私はいつもそれを、学問をもって軽く受け流して、私の所信を述べた。私は昭和の初めまでも、それをつづけた。私はナショナルを力説したが、それを「国家主義」と、かってにかえて、ビラをはり出したところもあった。当時の日本人は、世界の実相に暗かった。

9　国際連盟から脱退した日本人

そのころ、日本の軍人や政治家は、はなはだしく卑怯であった。マルクス式のインターナショナルの流行時には、縮みあがって引っこんでいた。しかるに、ナショナルに日本人がめざめたときには、軍人らはそれを煽りたてて、自己の利益のために利用した。そうして天皇主義にもってゆき、八紘一宇《はっこういちう》などととなえ、人心をして神がかり的、迷信的ならしめた。そうして国際連盟をののしり、「国を焦土となすも可なり。」などと豪語し、脱退を国民にあふりたてた。それは、世界の平和をおびやかす危険な政策であった。私はそれらの軽率な輩が示した不誠実の態度を、深く悲しんだ。

私は極力その脱退に反対した。身命を投げだして、内閣や枢府の知人の政治家らに訴えた。斎藤総理も、私に同意していた。枢府の原嘉道氏は、私に鄭重に回答された。私は右傾から強烈に攻撃された。「身上危険」と、警察は私に報告した。しかしながら、ついに日本政府は脱退した。私は、日本の未来あやうしと慨歎した。それ以後は、私は政治を論ずることを思いとどまり、家に引きこもり、学問にのみ耽った。日本の大敗と衰亡とは、このときからはじまったものと、私は判断している。それは、昭和八（一九三三）年のことであった。

10　国際連盟脱退以後の歩み

日本がはなはだしく不穏当に、国際連盟から脱退してからは、専制政治にむかって、軍人はじめ政治家は、その方向を定めていた。天皇の親族だというところから、軍人らは、近衛文麿《このえあやまろ》を内閣首相にたてた。また軍人は、大政翼賛会《たいせいよくさんかい》を創立して、ナチ政治をまねた。三国同盟をつくって、英・米・仏らを敵にまわした。ついに大東亜宣言を発して、ヨーロッパのヒットラーの弟子分となった。

世人は一般に浮かれていたが、私は悲観した。私は大政翼賛会は、憲法違反であると公言した。ドイツの必敗を論じたてた。三国同盟条約の欠点を指摘した。大東亜宣言を違憲だと説いた。それでも、なんびとも迫害はしなかった。官憲から捕縛もされなかった。その私は、終戦後、内閣総理大臣の名で公職から追放された。

昭和十二（一九三七）年、「支那事変」が起ったとき、欧米は、日本は「中国に関する九ヶ国条約」に違反する国であると、強く日本を攻撃した。これに対して政府は、「九ヶ国条約は現に有効に存在するが、同条約の成立時代とは国際事情が変っているから、日本政府は、同条約を守ることはできない。」と説明した。これは「条約は反古紙にひとしい。」と勝手にふみにじったドイツと同じで、列国から憎悪されるのは、知れきったことである。

　これに対して私は、国際法の学理にもとづく見解を発表した。「九ヶ国条約無効」と題して、日英両文で、「日支の両国は、交戦関係にある。二国の交戦は、二国間の条約を自動的に無効にした。日本はもはや、同条約に拘束されるものではない。日本はそれを守る義務がない。守ろうとしても、不能である。」これは、国際法の学理である。この一著は、軍部や政府の不法の外交や政治を非難したものであって、彼らのために助言したり、支援したりしたものでは、もちろんない。ところが、私の右の学理による著書は、戦後になって、追放調査委員会から調査された。そうして「日本の対支行動を正当化し、支那事変に理念的基礎をあたえるものと認める。」と裁断され、私は追放されたのである。私は、右の審査を軽薄と憤った。「理由なし」として弁明書を出したが、取り合われなかった。私は世の中からまったく引っこみ、大磯に風光と書物を友として、かろうじて生きていたのである。

（にながわ　あらた）

（『天皇　誰が日本民族の主人であるか』光文社、昭和二十七年刊より）

新版についての解説

佐藤　雅彦

1　蜷川氏の国際赤十字運動への貢献について

本書は、法学者で外交官で、同志社大学や駒澤大学の教授でもあった蜷川新《にながわあらた》（一八七三年一月一四日〜一九五九年八月一七日）が、八〇歳の冬を迎えた一九五三年の一二月五日に理論社から上梓《じょうし》した『憲法読本　主権者たる国民が正義を貫くために』の復刻版である。

著者・蜷川氏は、明治維新直後から日清日露戦争と二つの世界大戦を経て日本の敗戦、連合国による占領とそこからの再独立という、まさに激動の時代に生きた人物であり、しかも〝一般庶民〟でもなければ〝職業政治家〟でもない民間の学者や政府外交官として、国際政治や国内言論において画期的な活躍を続けてきた人物である。だからこそ、連合国占領下の日本がサンフランシスコ講和条約（と日米安全保障条約）を結んで曲がりなりにも「再独立」を遂げた一九五二年四月二八日から一年半を経た時期に、世に問うた本書は、当時も今も、民衆に背を向けて国家権力に媚びる御用政治家や御用学者が説く憲法講釈よりも、よほど読む価値があるし、説得力があるのだ。

この本の原書には蜷川氏の略歴が記されていない。それゆえ、本書が単なる〝日本国憲法の解説・講釈本〟ではない熱い血が通った読本《よみもの》であることを、読者に知ってもらうためにも、蜷川氏自らが晩年に——といっても本書（原著）出版の前年（日本の「再独立」の直後）のことだが——綴った一代記である「私の歩んだ道」を、本書の巻末に収録したので、ぜひお読みいただきたい。（なお「私が歩んだ道」は元々、一九五二年八月に光文社から出版された『天皇　誰が日本民族の主人であるか』に付録として掲載されたものである。ちなみにこの『天皇』の復刻版は、一九八八年一一月に流山市の長崎出版から、さらに二〇一九年五月には批評社から復刻版が出版されている。）

この「私が歩んだ道」には蜷川氏が国際赤十字の飛躍的発展に貢献した件《くだり》が綴られている。彼は国際法を修めて、政府や軍部の法律顧問や外交工作に携わったのち大学で教鞭もとったが、第一次世界大戦の最末期から終戦直後の時期には〝戦災の現場〟となったヨーロッパに滞在して戦争の惨害を目の当たりにし、世界平和のための方策を思案した。そして、すでに幾つかの国々で人道支援の民間団体として半世紀あまりの活動実績を積んできた《赤十字社》の重要性に注目し、これら国家レベルの篤志団体の活動を、国際的に調整する〝国際組織〟が必要だと痛感して、国際的な《赤十字社連盟（LORCS）《リーグ・オヴ・レッド・クロス・ソサエティーズ》》の創設を唱えてその結成に尽力した。こうして彼が創設に与した《赤十字社連盟》は現在では《国際赤十字赤新月社連盟（IFRC）《インタナショナル・フェデレイション・オヴ・レッド・クロス・アンド・レッド・クレセント・ソサエティーズ》》という世界最大の人道主義団体に育ち、日々、全世界で活躍している。

彼はこの一代記で、「第一次世界大戦が終わったのちも、赤十字事業を引きつづき平和時に、全世界にわたっておこなうことを、列国間にあらたに条約すべきことを、列国の有力者に力説した。それが国際連盟規約の第二十五条となった。またそれが赤十字社連盟規約の締結となって、世界に新しい《赤十字世界》が創建せられたのであった」と綴っているが、《赤十字社連盟》は一九一九年五月五日に創設されている。そして翌月の六月二八日に署名（翌二〇年一月一〇日発効）された『国際連盟規約』には、実質的には最後尾に置かれることになったが、次の条文が記載されたことで「世界に新しい《赤十字世界》が創建」されたのである――「第二五条〔赤十字篤志機関〕　連盟国は、全世界に亙《わた》り健康の増進、疾病の予防および苦痛の軽減を目的とする公認の国民赤十字篤志機関の設立および協力を奨励推進することを約す」。

今しがた「赤十字篤志機関」について定めた第二五条が、『国際連盟規約』の実質的には最後尾に置かれた、と書いたのは、この規約が全部で二六条から成っており、第二六条は組織や結社の規則には付きものの「改正手続き」を定めた〝手続き条項〟だからである。

『国際連盟規約』は、国際平和を確実に維持するための決意を宣《の》べた次の前文から始まって、それに二六項目の条文が続いている。まず前文はこうだ――「締結国は、戦争に訴えざるの義務を受諾し、各国間における公明正大なる関係を規律し、各国政府間の行為を律する現実の規準として国際法の原則を確立し、組織ある人民の相互の交渉において正義を保持し、且《か》つ、厳に一切の条約上の義務を尊重し、以て国際協力を促進し、且つ、各国の平和安寧を完成せんがため、ここに国際連盟規約を協定する」。そしてこの平和希求の精神なり決意を具体化するための約束事として、『規約』の最後（二五番目）に宣べられたのが、国際連盟の規約締結に参加した各国がそれぞれに〝国民による赤十字の篤志機関〟を設置して国際協力を奨励推進する」という約束だったのである。

2　蜷川新氏の主な著作

蜷川新氏の経歴と主要な著書を、ここに列挙しておこう。本書をふくめて幾つかは復刻されている。

蜷川新（にながわ・あらた）

一八七三年一月一四日、静岡県生まれ。第一高等学校を経て東京帝国大学に進学し、法科大学で国際法を専攻した（一九〇一年卒業）。一九一二年に博士号を取得。大学院卒業後は読売新聞臨時記者となるが、日露戦争勃発（一九〇四年）にあたり招集され、樺太軍顧問として従軍する。

第一次大戦（一九一四年〜一九一八年）後は韓国やフランスで海外生活を体験。帰国後は同志社大学（一九一四年〜一九一七年）や駒澤大学（一九二九年〜一九四〇年）で教鞭を執った。その後、日本赤十字社の慰問使として渡欧、国際赤十字赤新月社連盟の創設に関わり、以降も日本赤十字社顧問や国際赤十字赤新月社連盟理事、大日本帝国陸軍顧問を務めた。

第二次世界大戦後は公職追放となるが、一九五二年に『天皇　誰が日本民族の主人であるか』を上梓して論壇に返り咲き、精力的な著述活動を再開する。一九五九年八月一七日、脳血栓により八六歳で死去。

【著書】――

『大道に立ちて』（財団法人奉公会、一九二五年）
『南満州ニ於ケル帝国ノ権利』（清水書店、一九一三年）
『軍国主義』（冨山房、一九一五年）
『英傑伝叢書第二輯　オットー・フォン・ビスマルク』（実業之日本社、一九一七年）
『国民主義の勝利　戦欧米思想界の大勢』（川流堂、一九二三年）

『凋落の社会主義』（青年日本社、一九二六年）
『人道と使節』（帝国文化協会、一九二八年）
『維新前後の政争と小栗上野の死』（日本書院、一九二八年）
『亜細亜に生きるの途』（日本書院、一九二九年）
『三大国際会議と日本』（駒澤大学出版部、一九三〇年、発売所は代々木書院）
『続　維新前後の政争と小栗上野』（日本書院、一九三一年。マツノ書店、二〇一四年）
『今日及今後の挑戦　日本海及日本の一大繁栄を予想せしむる今の朝鮮』（財団法人奉公会、一九三三年）
『人道の世界と日本』（博愛発行所、一九三六年）
『満洲に於ける帝国の権利』（清水書店、一九三七年）
『日本憲法とグナイスト談話』（議会政治社、一九三九年）
『随筆　満洲の今と昔』（産業組合實務研究會、一九四〇年）
『天皇　誰が日本民族の主人であるか』（光文社、一九五二年。批評社、二〇一九年）
『擾乱の日本　蜷川新評論集』（千代田書院、一九五二年）
『日本を救うもの亡ぼすもの』（千代田書院、一九五三年）
『維新正観　秘められた日本史・幕末明治篇』（千代田書院、一九五二年。批評社、二〇一五年）

『開国の先覚者　小栗上野介』（千代田書院、一九五三年。批評社、二〇一八年）
『興亡五十年の内幕』（六興出版社、一九五三年）
『憲法読本　主権者たる国民が正義を貫くために』（理論社、一九五三年）
『東西古今物語　生きて語る三代の歴史』（理論社、一九五五年）
『明治天皇』（三一書房、一九五六年）

【訳書】――

『早稲田小篇国際法論』（出版社未詳、一九〇〇年）
『ビスマルク　普仏戦争軍中書翰』（快報社、一九〇四年）
『古き外人の観たる日本国民性』（拓殖新報社、一九二一年）

【共著】――

『政界の秘話』（国際観光興業株式会社／綱紀粛正会本部・共同発行、一九六〇年）

【仏文】――

La Croix-Rouge et la Paix. La réclamation japonaise et le droit international.

【英文】――

Critical observation on the Washington Conference.

3 「団規令事件」と「政令三二五号違反事件」
――「国家主権回復」直後の日本の司法の〝非独立〟が問われた裁判事件

本書の第Ⅶ章（「立法・行政・司法の問題点」）の第四節（「裁判権の独立は侵されようとしている」）には、「松本三益《さんえき》氏の保釈」とか「政令三二五号違反事件」という言葉が出てくる。

前者（「松本三益氏の保釈」）は「団規令事件《だんきれい》」の被告で、連合軍最高司令官マッカーサーが発した命令を〝天皇の勅令《ちょくれい》〟のかたちで〝政令〟として施行した所謂《いわゆる》「ポツダム政令」のひとつ、『団体等規制令《だんたいとう・きせいれい》』（略称・団規令）に基づき日本政府の〝秘密警察〟が日本共産党幹部・松本氏（などの当時の共産党幹部たち）に行なった刑事弾圧の、法的妥当性を問う事件であり、案件であった。

そして後者（「政令三二五号違反事件」）も、やはり「ポツダム政令」の一つである『占領目的阻害行為処罰令』によって共産党の機関誌を配っていた人物を逮捕した刑事弾圧の、法的妥当性を問う裁判であった。

蜷川氏は、これらの「事件」をめぐる司法判断や最高裁判決をめぐって、曲がりなりにも〝再独立〟を手に入れた戦後ニッポンの、日本国憲法が設置運営を定めた最高裁を頂点とする日本の司法制度が、相変わらず〝旧占領主〟アメリカのご機嫌を伺いながら〝日本の独立〟を足下から突き崩すような反動司法を行なっている現状を、批判している。

この二つの事件は、本書の出版当時には、まさに目前で起きている極めて現実的《アクチュアル》な〝時事問題〟だったわけだが（だからこそ本書はこれを問題にしたわけだ）、それから七十年後の〝いま〟を生きている我々には当時の事情についての知識すらないので、ここは読んでも実感をもって理解できないと思う。だから少しここで補足説明をしておきたい。

まず「松本三益氏の保釈」云々の議論の根源となった「団規令事件」から、解説していこう。「団規令」は『団体等規正令』の略称だが、その〝起源〟は、連合国が、（一九四五年八月一四日に日本政府がポツダム宣言を受諾して九月二日に政府と軍部の代表者が〝降伏文書〟に署名調印したことで）敗戦が決まった日本――すなわち当時の「大日本帝国」――を占領した当初（一九四六年二月二三日）に、連合国軍最高司令官ダグラス・マッカーサーの命令を〝天皇が発する勅令〟の形で占領軍政の下で施行するという「ポツダム緊急勅令」として出された一連の〝政令〟の一つである『政党、協会其の他の団体の結成の禁止等に関する件』と題する政令であった。

件《くだん》のポツダム政令が「結成の禁止」の対象にしていたのは、〝大日本帝国〟体制下で軍国主義や超国家主義を推し進めた諸勢力であり、こうした政令が出たのは、それらの反動勢力が〝進駐軍〟の占領軍政を妨害する恐れがあったからである。具体的には、次のような反動勢力がポツダム政令の規制対象になった。

①占領軍に対して反抗し、若しくは反対し、又は日本国政府が連合国最高司令官の要求に基づいて発した命令に対して反抗し、若しくは反対する団体、②日本国の侵略的対外軍事行動（大東亜共栄圏・八紘一宇《はっこういちう》思想）を支持し、又は正当化する団体、③日本国が他のアジア人、インドネシア人又はマレー人の指導者であることを僭称《せんしょう》する団体、④日本国内において外国人を貿易、商業又は職業従事から排除する団体、⑤日本国と諸外国との間の自由な文化及び学術の交流に対して反対する団体、⑥日本国内において、軍事若しくは準軍事的訓練を実施し、陸海軍軍人であった者に対して民間人に与えられる以上の恩典を供与し、若しくは特殊の発言権を附与し、又は軍国主義若しくは軍人的精神を存続する団体、⑦暗殺その他の暴力主義的企画によって政策を変更し、又は暴力主義的方法を是認するような傾向を助長し、若しくは正当化する団体、⑧本令解散団体構成員が主要役員の団体、⑨一九三〇年一月一日以後現役にあった正規陸海軍将校経験者又は特別志願予備将校経験者が主要役員の団体、⑩憲兵隊、特務機関、諜報機関への勤務経験者又は協力者が主要役員の団体、⑪構成員の四分の一以上が本令解散団体構成員、一九三〇年一月一日以後現役にあった正規陸海軍将校経験者又は特別志願予備将校経験者、憲兵隊、特務機関、諜報機関への勤務経験者等が占める団体。

そして、これらに該当する〝解散対象の団体〟の主要幹部やスポンサー関係者（有力な金銭援助者）は「公職追放令」による「公職追放」の対象となった。さらに、この〝ポツダム政令〟が定めた規制対象の団体を結成したり指導をした者や、政治活動について届出を出さなかったり虚偽届出をした者、あるいは法務総裁の調査を拒否した者も、刑事罰の対象となった。

連合国軍の占領政策は、当初は日本の軍国主義を根絶やしにするために、こうした反動勢力の一掃や、財閥の解体や、民主勢力の育成に努めたのであるが、終戦の翌年あたりから早くも米英とソ連との政治的イデオロギー的対立が顕在化し、占領から二、三年ばかり経つと「東西（＝米ソ）冷戦」が始まった。民主勢力とりわけ労働組合勢力は、ソ連の影響下にある日本共産党の指導を受けて急進化し、占領軍政を手こずらせるようになる。一九四九年には八月にソ連が原子爆弾の爆発実験を成功させ、十月には中華人民共和国が成立する。翌五〇年六月には朝鮮戦争が勃発した。こうした状況のなかで占領軍当局（ＧＨＱ）は共産党への警戒を強め、その勢力を叩き潰すのに躍起となった。

かくして一九四九（昭和二四）年四月四日に、当初の〝反動勢力つぶしのためのポツダム政令〟は「改正」されて、『団体等規制例』（略称・団規令）という新たな名前で施行されたのだが、この「改正」による重要な変更点は、政令に書かれた文字面こそさほど変わらないが、左翼団体や暴力団も規制対象に加えられ、「在日本朝鮮人連盟」と「在日朝鮮民主青年同盟」がはっきりと規制対象団体あつかいになって、この「団規令」で解散処分を受けたことである。

翌一九五〇年の五月三日（四八年からこの日「五月三日」は「憲法記念日」）に、連合国軍最高司令官マッカーサーは日本共産党がソ連の〝共産主義の日本侵略〟に協力していると非難して、共産党の非合法化を示唆した。翌月四日の第二回参議院選挙の投票日を控えたタイミングで〝占領下日本の最高権力者〟がこういう反共宣伝をしたわけなので、危機感を覚えた共産党は、同月三〇日（火曜日）に皇居前広場を「人民広場」と称して「民主民族戦線東京準備会」主催の五万人規模（主催者発表）の〝人民決起大会〟を開催した。この集会に潜入していた〝私服《しふく》刑事〟が身バレして集会参加者たちから追及を受けているところに、警備をしていた占領軍が介入して、占領軍と市民大衆の小競り合いに発展し、「民主青年団」東京都委員長ら八名の労働者や学生が逮捕された。

しかし、とにかくこの「人民広場事件」は占領軍と日本の大衆との最初の直接衝突であったから、事態を重く受けとめた警視庁は翌三一日に都内での集会・デモの禁止措置を発令した。その翌日（六月一日）に共産党は「人民広場事件の暴動化の発端は、集会に紛れ込んでいた〝反対派学生〟が投石で挑発したのが原因である」と抗議声明を出し、「集会参加者の逮捕は参院選での共産党への投票を挫くための妨害行為である」とGHQを非難した。六月三日（土曜日）には占領軍の軍事裁判で逮捕者に重労働十年などの有罪判決が下されたが、翌四日の参院選では共産党は改選議席の二議席をそのまま確保した。そして「人民広場事件」からちょうど一週間後の六月六日に、GHQと日本政府は、日本共産党中央委員会の委員二四名と機関紙『アカハタ』の幹部一七人の「公職追放」と同紙の発行禁止命令を出し、これをきっかけに公務員や民間企業従事者のなかの「日本共産党員とその支持者」を解雇するという〝赤狩り《レッドパージ》〟が本格化することとなった。すなわちGHQと日本政府による〝共産党襲撃〟から二十日後（六月二六日）に、徳田球一・野坂参三・志賀義雄・伊藤憲一・春日正一・神山茂夫の六人は国会議員として失職し、高倉輝は第二回参院選で当選したがその直後に「公職追放」されて当選無効として扱われたのである。翌七月には九人の日本共産党幹部に対して「団体等規正令」に基づく政府の出頭命令を拒否したとの理由で「団体等規正令」違反容疑がかかり、逮捕状が出るという「団規令事件」が発生した。逮捕状が出た九人の日本共産党幹部は〝地下潜行〟し――もちろん物理的に「地下」に潜るわけではなく、支援者の居宅に匿われたり警察の目を逃れて逃亡を続けたわけであるが――その一部（徳田球一と伊藤律）は中国に亡命したのだった。

中国に亡命した二人を除き、残る七名は一九五〇年一〇月七日〜五五年年一月十一日に次々と逮捕されて、五五年九月七日までそれぞれの起訴が続いた。すなわち――

①春日正一　一九五〇年一〇月七日逮捕、十月十六日日起訴。
②松本三益　一九五三年五月逮捕、六月四日起訴、七月三一日保釈。
③長谷川浩　一九五五年四月二七日逮捕、五月一〇日起訴、五月一六日保釈。

④竹中恒三郎　一九五五年六月二日逮捕、六月一四日起訴、六月一七日保釈。
⑤野坂参三　一九五五年八月一一日逮捕、八月一六日釈放・九月七日起訴。
⑥志田重男　一九五五年八月一一日逮捕、八月一六日釈放・九月七日起訴。
⑦紺野与次郎　一九五五年八月一一日逮捕、八月一六日釈放・九月七日起訴。

このうち、最初に捕まった春日正一の裁判で、一九五二年四月九日に、春日には「懲役三年」、彼を匿った人物にも「懲役一年」の実刑判決がそれぞれ確定した。それから三週間を経ずしてサンフランシスコ講和条約が発効（四月二八日）して、日本は「国家主権が回復」して「再独立」を遂げたわけである。そして「独立」を遂げたことで、占領下の〝ポツダム政令〟は無効となった。正確にいえば講和条約の発効から一八〇日かぎりで無効となる、という定めであった。そういうわけで『団体等規制例』は五二年一〇月二五日に失効と規定されたわけだが、それより三ヶ月前の七月二一日に（主に共産党勢力の）「暴力的破壊活動」を取り締まる目的で『破壊活動防止法』が制定されているから、事実上「団規令」は規定よりも三ヶ月早く〝失効〟したことになる。

春日正一は占領下で〝ポツダム政令〟を根拠に裁かれたわけだが、残りの松本三益（一九〇四～九八年）ら六人は日本の国家主権回復後に逮捕されたわけだから、独立国において占領下の〝ポツダム政令〟に法的効力があるのか無いのか、が争点となる。松本三益を中核として、「団規令」裁判闘争が展開され、日本の司法制度の〝独立性〟が問われたのである。

松本三益に対する裁判は、一九六一年一二月二〇日に最高裁判所が〝免訴〟判決を言い渡して無罪が確定した。その判決主旨は次の通り――「本件罪状は占領中は超憲法的な最高司令官の命令によるものとして有効だったが、サンフランシスコ平和条約が発効された現在では憲法に違反する」。この時点で、残りの五名の共産党幹部の刑事裁判が東京地方裁判所で続いていたのだが、松本三益への最高裁の〝免訴〟判決を受けて翌六一年三月一三日に〝公訴取り消し〟があり、翌一四日に〝公訴棄却〟決定がなされた。

「団規令事件」については、松本氏が裁判闘争の公判記録をまとめた『団規令事件公判記録〜米占領下、秘密警察とのたたかい』（松本三益編、あゆみ出版、一九九一年）が出版されている。これは〝司法の独立〟を考えるうえで極めて貴重な記録である。


もうひとつの「政令三二五号違反事件」であるが、政令三二五号とは一九五〇年一〇月三一日に出された『占領目的阻害行為処罰令』を指す。これはその名称どおり、連合国軍最高司令官総司令部（ＧＨＱ）の〝占領目的〟に反する行為を処罰することを目的として、制定された〝ポツダム政令〟であった。

その〝起源〟は、一九四六年六月一二日に公布され、七月一五日から施行された『聯合国占領軍の占領目的に有害な行為に対する処罰等に関する勅令』と題する政令である。標題にある「占領目的に有害な行為」を、この政令では、①連合国最高司令官の日本帝国政府に対する指令の趣旨に反する行為、②その指令を施行するために、連合国占領軍の軍、軍団又は師団の各司令官の発する命令の趣旨に反する行為、③その指令を履行するために、日本帝国政府の発する法令に違反する行為、と定義していた。そして「占領目的に有害な行為」をした者は、十年以下の懲役若しくは罰金、又は、拘留若しくは科料に処すると規定されていた。さらに「占領目的に有害な行為」からなる事件については、連合国最高司令官の指令又はその指令を履行するために、日本国政府が発する法令に特別の定のある場合以外は公訴を行わなければならず、事件の裁判管轄が《連合国軍事占領裁判所》に移された場合を除いて、その公訴は取り消すことができず、（検察官などの公訴機関が被疑者の性格や年齢、犯罪の軽重や情状を考慮して、訴追するか否かを判断するという原則である）〝起訴便宜主義〟を認めない強硬な政令だったのである。このポツダム勅令を全面的に改組したのが『占領目的阻害行為処罰令』（昭和二五年政令第三二五号）に他ならない。

『占領目的阻害行為処罰令』の処罰規定が適用された例としては、次の例がある――①一九四七年に「二・一ゼネスト」を計画した伊《い》井《い》弥《や》四郎《しろう》（日本共産党中央委員、全官公庁共闘会議議長）が政令違反で逮捕されて懲役二年の判決を受けて四八年から二年間収監された、②一九五〇年九月二七日付け（前日発行）の『夕刊朝日新聞』と同日付の『朝日新聞』朝刊に当時〝レッドパージ〟

を受けて『団体等規制令』による出頭命令を拒んだことで「団規令」違反の逮捕状が出て〝地下に潜伏中〟だった共産党幹部の伊藤律《いとうりつ》と、「二六日午前三時半頃に兵庫県宝塚の山中で数分間の会見に成功した」という完全なる虚偽報道《フェイク・ニュース》を捏造して報じた朝日新聞・神戸支局の記者が政令違反で逮捕されて朝日新聞「退社処分」となった、③一九四九年八月に島根県壱岐島《いきのしま》から密入国した北朝鮮内務省・政治保衛局（現・国家保衛省）所属の「岩村吉松」こと許吉松少佐など三名の工作員が、日本で百名ちかい工作員を獲得して、これらの軍事スパイを使って全国の在日米軍の動向や、さらに五〇年六月に朝鮮戦争が始まってからは八月に創設された警察予備隊の組織や装備などについても情報収集して北朝鮮に送っていたが、この「第一次朝鮮スパイ事件」で五〇年九月九日に許吉松ら四〇名のスパイ工作員が警視庁に逮捕され、最終的に一三人が軍事裁判にかけられて、首謀者の許吉松は一九五一年七月一一日に警視庁内〝特設軍事法廷〟（実際には連合国軍最高司令官総司令部（GHQ）の軍事法廷）で「重労働（懲役）一〇年、罰金五〇〇〇ドル、服役後強制送還」の判決を受けたし、残りの一二人も重労働一～八年と、重罪の三人については罰金一〇〇〇～二五〇〇ドルと服役後は強制送還の判決を受けている。

『占領目的阻害行為処罰令』は、日本の「主権回復」（および「日米安保条約」の発効）から十日後の一九五二年五月七日に、『ポツダム宣言の受諾に伴い発する命令に関する件に基く法務府関係諸命令の措置に関する法律』（昭和二七年五月七日法律第一三七号）によって廃止され、これに代わる同じ趣旨の国内法として、この日（五月七日）のうちに、日米安保条約に基づいて前日（五月六日）に成立した『日本国とアメリカ合衆国との間の相互協力及び安全保障条約第六条に基づく施設及び区域並びに日本国における合衆国軍隊の地位に関する協定の実施に伴う刑事特別法』（略称「刑事特別法」）が公布および即日施行された。

「政令三二五号違反事件」は、そもそも（朝鮮戦争の勃発翌日の）一九五〇年六月二六日にポツダム政令『アカハタ及びその後継紙、同類紙の発行停止に関する指令』が出て「一ヶ月の発行停止」が命じられたのち、その三週間ばかり後の七月一八日に「無期限の発行停止」が出たことに端を発する。この〝アカハタ禁止令〟にもかかわらず、岩手県釜石市の「坂上仲夫」氏が一九五一年一月に『アカハタ』の後継紙である『平和のこえ』を同市内で配布していたことが『占領目的阻害行為処罰令』違反であるとして逮捕され、盛岡地裁で「懲役一年六月」の判決、仙台高裁でもこれを支持する判決が出た。それで「坂上」氏は翌五二年四月に最高裁に上告した結果、五三年七月二二日に裁判官十人の多数意見に基づく「原判決および一審判決を破棄し、被告人を免訴とする」という最高裁大法廷の判決が出て、「結社及び言論、出版その他一切の表現の自由は、これを保障する」と定めた日本国憲法二十一条に違反する処分は〝主権回復後〟の日本ではもはや通用しない、という判断が示されたわけである。

4 サンフランシスコ講和条約、日本国憲法そして日米安保条約

やはり　本書の第Ⅶ章（「立法・行政・司法の問題点」）に出てくる記述であるが、第五節（「占領法規はどうなるか」）に、こんな段落がある――「日米講和条約により、日本の国民は、完全に主権を有する民族であることが承認されている。この条約は、憲法第九十八条により、日本の最高法規をなしている」。

憲法第九十八条は、巻末付録の『日本国憲法』をみればわかるように、次のような条文だ――「第九十八条　この憲法は、国の最高法規であって、その条規に反する法律、命令、詔勅および国務に関するその他の行為の全部又は一部は、その効力を有しない」。

蜷川氏の記述を文字どおりに受け取ると、「日米講和条約」（＝サンフランシスコ講和条約）――正式名は「日本国《にっぽんこく》との平和条約」（Treaty of Peace with Japan）――は、「日本の最高法規をなしている」ことになる。しかし日本の最高法規は『日本国憲法』であるから、その九十八条により「日米講和条約」が日本の最高法規をなす、という文言は矛盾しているように思える。この〝矛盾〟をどう考えればいいのか？

要するに、日米講和条約によって、日本は国家主権を回復して、ふたたび（敗戦からほぼ七年ぶ

りに）独立国となった。『日本国憲法』は連合国占領下の一九四七年に施行されたが、占領軍政下だったので、GHQから日本政府を経由して下りてくる〝ポツダム政令〟が、憲法の上位にあった。だから憲法二十一条違反の〝アカハタ禁止令〟なんぞがまかり通ったわけである。つまり『日本国憲法』は占領軍政の下で、十全な機能を発揮できないまま抑え込まれていたわけだ。

しかし「日米講和条約」が結ばれたことで、『日本国憲法』は初めてその憲法法典に記された全ての文言を、十全に実現できる状態に置かれたわけである。その意味で、『日本国憲法』に本物の生命力を与えた「日米講和条約」を、憲法と同じように最高度に尊重せねばならない、という意味なのだと、私は読み解いた。

なお、蜷川氏は、いわゆる「サンフランシスコ講和条約」を「日米講和条約」と呼んでいるが、これはサンフランシスコ講和会議では日本を含む四九ヵ国が署名しているので、「日米」二国間だけの条約ではない。

第二次世界大戦で「連合国」の有力な勢力を成していたソ連・ポーランド・チェコスロバキアの共産圏の三ヵ国は、サンフランシスコ〝対日講和〟会議に参加はしたものの、その二年ばかり前に誕生していた中華人民共和国の不参加を理由に会議の無効を訴え〝対日講和条約〟に署名しなかった。中国（中華民国）は日中戦争のときから日本と戦っていたわけで、その意味では「連合国」の最初のメンバーとなるわけだが、〝対日講和〟会議の頃には〝ふたつの中国〟に分裂してしまっていたので、中華民国（＝台湾）国民政府も、〝共産中国〟（＝中華人民共和国）政府も、ともにこの講和会議には招請されなかった。それ以外にも、インドとビルマとユーゴスラビアは招請を蹴った。インドの場合はジャワハルラール・ネルー首相が、①この講和条約の〝外国軍の駐留を許す条項〟——すなわち講和条約調印の直後に、サンフランシスコ市内のプレシディオ公園内にある〝下士官クラブ〟（米軍将校用の酒場）で吉田茂首相が単独で秘密裏に結んだ「日米安保条約」によって米軍の日本駐留を認める根拠となった、「連合国日本占領軍は本条約効力発生後90日以内に日本から撤退。ただし日本を一方の当事者とする別途二国間協定または多国間協定により駐留・駐屯する場合はこの限りではない」という条項——を削除すべきである、②日本は、千島列島や樺太の一部をソ連に、台湾島の西方にある澎湖《ほうこ》諸島や台湾を中華民国に譲渡すべきである、③沖縄や小笠原諸島の占領が継続されるので日本には他の国々と同様の名誉と自由が与えられておらず〝不平等条約〟である、などの理由で、この条約を認めなかったという。

しかしそれにしても、戦時中の「連合国《ユナイテッド・ネイションズ》」の——ということは「国際連合《ユナイテッド・ネイションズ》」の——大部分の国々が、この条約で日本と〝講和〟を結んで、日本の〝主権回復〟を認めたのである。

つまり蜷川氏の主張を敷衍《ふえん》すれば、戦後に〝独立国〟として復活した日本は、連合国すなわち「国際連合」に抱かれる形でこそ、存立しうる国家だということだ。そしてまた、連合国すなわち「国際連合」にもとづく国際秩序のなかでこそ、『日本国憲法』は本来の機能を十全に発揮できるということだ。

ことし（二〇二三年）は『日本国憲法』が施行されてから七十六年、再独立してから七十一年、「国際連合」加盟（一九五六年一二月一八日）から六十七年を迎える。このかん、日本は「国連中心主義」の外交を貫いてきた。国際連合の本部は、石油成金ロックフェラーがニューヨークに有していた地所に立っているが、その米国は第二次世界大戦後に世界でもっとも沢山の「戦争」を行なってきた国だし、国際連合に従わず、国際連合を自らに従わせようとしてきた。その米国と日本（の吉田茂が単独で）が結んだ「日米安保条約」は、文字どおりの〝二国間条約〟であるが、日本は「サンフランシスコ講和条約」を遵守し、「国連中心主義」を遵守することで、はじめて〝独立国〟として存在しうるのだということを、忘れてはいけない。

日本は〝明治維新〟で近代国家の道を歩み始めて以来、西洋列強（とくにイギリス）に唆《そそのか》されて（たとえば一九一八〜二二年のシベリア出兵のように）国際社会で危うい道を選ぶという失敗をしたこともあった。その「大日本帝国」は結局、第二次世界大戦の極東での〝導火線〟役を担う羽目となり、二発の原子爆弾とソ連軍の（条約やぶりも〝ゲームのルール〟としては当然のことであった世界大戦下における）突然の宣戦布告および侵攻を喰らって、戦争《いくさ》に負けて〝滅亡〟したのである。

一九四七年の新憲法によって〝新しい国家〟として生まれ変わった日本は、連合国の占領が終わるまでは〝母胎にとじこもった胎児〟のようなものだったが、サンフランシスコ講和条約の締結で、晴れて〝外界〟である国際社会に出て、一人前の扱いを受けるようになったのだ。現在、日本は「安保条約」によって駐留米軍を抱え、その米軍は、アメリカ合衆国が覇権の維持のために世界のあちこちで繰り返してきた〝国際政治の火遊び〟の尖兵として〝酷使〟されている。「安保条約」のせいで日本の（「違憲ながら合法」の）自衛隊は、米軍の〝予備部隊〟のような役割を担いつつあるし、日本国そのものが米国の〝後方支援国家〟になっている。……日本は二十世紀前半のような過ちを繰り返してはならないのだ。

蜷川版『憲法読本』の復刻版が、初版発行からちょうど七十年目の今年出版されるのは非常に意義深い。そしてまた今年が、一九五三年七月に「政令三二五号違反事件」で最高裁が〝ポツダム政令〟の日本「再独立」後の無効を宣言して、ちょうど七十年目であるというのも、非常に重要なことである。なぜなら『日本国憲法』は、そして再独立した日本は、今なお吉田茂がたった独りでこっそりと結んだ「日米安保条約」によって、根本から揺らぎ続けているからだ。

だからこそ、本書をいま読む価値がある。そして日本国の〝真の独立〟について、真剣に考えねばならない。

ウクライナ・ロシア戦争の勃発から一周年を

迎えた日に、世界と日本の行方に心を痛めつつ……

二〇二三年二月二四日

佐藤雅彦

附録　日本国憲法（全文）

〔原書では、罫線から後ろの「前文」から始まっているが、この復刻版では、昭和天皇の「上諭《じょうゆ》」と「第一次吉田内閣の閣僚連署」も掲載した。〕

日本国憲法

朕は、日本国民の総意に基いて、新日本建設の礎が、定まるに至つたことを、深くよろこび、枢密顧問の諮詢及び帝国憲法第七十三条による帝国議会の議決を経た帝国憲法の改正を裁可し、ここにこれを公布せしめる。

御名御璽

昭和二十一年十一月三日

内閣総理大臣兼外務大臣　吉田　茂
国務大臣　男爵　幣原喜重郎
司法大臣　木村篤太郎
内務大臣　大村　清一
文部大臣　田中耕太郎
農林大臣　和田　博雄
国務大臣　斎藤　隆夫
逓信大臣　一松　定吉
商工大臣　星島　二郎
厚生大臣　河合　良成
国務大臣　植原悦二郎
運輸大臣　平塚常次郎
大蔵大臣　石橋　湛山
国務大臣　金森徳次郎
国務大臣　膳　桂之助

日本国民は、正当に選挙された国会における代表者を通じて行動し、われらとわれらの子孫のために、諸国民との協和による成果と、わが国全土にわたつて自由のもたらす恵沢を確保し、政府の行為によつて再び戦争の惨禍が起ることのないやうにすることを決意し、ここに主権が国民に存することを宣言し、この憲法を確定する。そもそも国政は、国民の厳粛な信託によるものであつて、その権威は国民に由来し、その権力は国民の代表者がこれを行使し、その

福利は国民がこれを享受する。これは人類普遍の原理であり、この憲法は、かかる原理に基くものである。われらは、これに反する一切の憲法、法令及び詔勅を排除する。

日本国民は、恒久の平和を念願し、人間相互の関係を支配する崇高な理想を深く自覚するのであつて、平和を愛する諸国民の公正と信義に信頼して、われらの安全と生存を保持しようと決意した。われらは、平和を維持し、専制と隷従、圧迫と偏狭を地上から永遠に除去しようと努めてゐる国際社会において、名誉ある地位を占めたいと思ふ。われらは、全世界の国民が、ひとしく恐怖と欠乏から免かれ、平和のうちに生存する権利を有することを確認する。

われらは、いづれの国家も、自国のことのみに専念して他国を無視してはならないのであつて、政治道徳の法則は、普遍的なものであり、この法則に従ふことは、自国の主権を維持し、他国と対等関係に立たうとする各国の責務であると信ずる。

日本国民は、国家の名誉にかけ、全力をあげてこの崇高な理想と目的を達成することを誓ふ。

第一章　天皇

第一条〔天皇の地位と主権在民〕　天皇は、日本国の象徴であり日本国民統合の象徴であつて、この地位は、主権の存する日本国民の総意に基く。

第二条〔皇位の世襲〕　皇位は、世襲のものであつて、国会の議決した皇室典範の定めるところにより、これを継承する。

第三条〔内閣の助言と承認及び責任〕　天皇の国事に関するすべての行為には、内閣の助言と承認を必要とし、内閣が、その責任を負ふ。

第四条〔天皇の権能と権能行使の委任〕　天皇は、この憲法の定める国事に関する行為のみを行ひ、国政に関する権能を有しない。

2　天皇は、法律の定めるところにより、その国事に関する行為を委任することができる。

第五条〔摂政〕　皇室典範の定めるところにより摂政を置くときは、摂政は、天皇の名でその国事に関する行為を行ふ。この場合には、前条第一項の規定を準用する。

第六条〔天皇の任命行為〕　天皇は、国会の指名に基いて、内閣総理大臣を任命する。
2　天皇は、内閣の指名に基いて、最高裁判所の長たる裁判官を任命する。

第七条〔天皇の国事行為〕　天皇は、内閣の助言と承認により、国民のために、左の国事に関する行為を行ふ。

一　憲法改正、法律、政令及び条約を公布すること。
二　国会を召集すること。
三　衆議院を解散すること。
四　国会議員の総選挙の施行を公示すること。
五　国務大臣及び法律の定めるその他の官吏の任免並びに全権委任状及び大使及び公使の信任状を認証すること。
六　大赦、特赦、減刑、刑の執行の免除及び復権を認証すること。
七　栄典を授与すること。
八　批准書及び法律の定めるその他の外交文書を認証すること。
九　外国の大使及び公使を接受すること。
十　儀式を行ふこと。

第八条〔財産授受の制限〕　皇室に財産を譲り渡し、又は皇室が、財産を譲り受け、若しくは賜与することは、国会の議決に基かなければならない。

第二章　戦争の放棄

第九条〔戦争の放棄と戦力及び交戦権の否認〕　日本国民は、正義と秩序を基調とする国際平和を誠実に希求し、国権の発動たる戦争と、武力による威嚇又は武力の行使は、国際紛争を解決する手段としては、永久にこれを放棄する。
2　前項の目的を達するため、陸海空軍その他の戦力は、これを保持しない。国の交戦権は、これを認めない。

第三章　国民の権利及び義務

第十条〔国民たる要件〕　日本国民たる要件は、法律でこれを定める。

第十一条〔基本的人権〕　国民は、すべての基本的人権の享有を妨げられない。この憲法が国民に保障する基本的人権は、侵すことのできない永久の権利として、現在及び将来の国民に与へられる。

第十二条〔自由及び権利の保持義務と公共福祉性〕この憲法が国民に保障する自由及び権利は、国民の不断の努力によつて、これを保持しなければならない。又、国民は、これを濫用してはならないのであつて、常に公共の福祉のためにこれを利用する責任を負ふ。

第十三条〔個人の尊重と公共の福祉〕すべて国民は、個人として尊重される。生命、自由及び幸福追求に対する国民の権利については、公共の福祉に反しない限り、立法その他の国政の上で、最大の尊重を必要とする。

第十四条〔平等原則、貴族制度の否認及び栄典の限界〕すべて国民は、法の下に平等であつて、人種、信条、性別、社会的身分又は門地により、政治的、経済的又は社会的関係において、差別されない。

2　華族その他の貴族の制度は、これを認めない。

3　栄誉、勲章その他の栄典の授与は、いかなる特権も伴はない。栄典の授与は、現にこれを有し、又は将来これを受ける者の一代に限り、その効力を有する。

第十五条〔公務員の選定罷免権、公務員の本質、普通選挙の保障及び投票秘密の保障〕公務員を選定し、及びこれを罷免することは、国民固有の権利である。

2　すべて公務員は、全体の奉仕者であつて、一部の奉仕者ではない。

3　公務員の選挙については、成年者による普通選挙を保障する。

4　すべて選挙における投票の秘密は、これを侵してはならない。選挙人は、その選択に関し公的にも私的にも責任を問はれない。

第十六条〔請願権〕何人も、損害の救済、公務員の罷免、法律、命令又は規則の制定、廃止又は改正その他の事項に関し、平穏に請願する権利を有し、何人も、かかる請願をしたためにいかなる差別待遇も受けない。

第十七条〔公務員の不法行為による損害の賠償〕何人も、公務員の不法行為により、損害を受けたときは、法律の定めるところにより、国又は公共団体に、その賠償を求めることができる。

第十八条〔奴隷的拘束及び苦役の禁止〕何人も、

いかなる奴隷的拘束も受けない。又、犯罪に因る処罰の場合を除いては、その意に反する苦役に服させられない。

第十九条〔思想及び良心の自由〕　思想及び良心の自由は、これを侵してはならない。

第二十条〔信教の自由〕　信教の自由は、何人に対してもこれを保障する。いかなる宗教団体も、国から特権を受け、又は政治上の権力を行使してはならない。

2　何人も、宗教上の行為、祝典、儀式又は行事に参加することを強制されない。

3　国及びその機関は、宗教教育その他いかなる宗教的活動もしてはならない。

第二十一条〔集会、結社及び表現の自由と通信秘密の保護〕　集会、結社及び言論、出版その他一切の表現の自由は、これを保障する。

2　検閲は、これをしてはならない。通信の秘密は、これを侵してはならない。

第二十二条〔居住、移転、職業選択、外国移住及び国籍離脱の自由〕　何人も、公共の福祉に反しない限り、居住、移転及び職業選択の自由を有する。

2　何人も、外国に移住し、又は国籍を離脱する自由を侵されない。

第二十三条〔学問の自由〕　学問の自由は、これを保障する。

第二十四条〔家族関係における個人の尊厳と両性の平等〕　婚姻は、両性の合意のみに基いて成立し、夫婦が同等の権利を有することを基本として、相互の協力により、維持されなければならない。

2　配偶者の選択、財産権、相続、住居の選定、離婚並びに婚姻及び家族に関するその他の事項に関しては、法律は、個人の尊厳と両性の本質的平等に立脚して、制定されなければならない。

第二十五条〔生存権及び国民生活の社会的進歩向上に努める国の義務〕　すべて国民は、健康で文化的な最低限度の生活を営む権利を有する。

2　国は、すべての生活部面について、社会福祉、社会保障及び公衆衛生の向上及び増進に努めなければならない。

第二十六条〔教育を受ける権利と受けさせる義務〕　すべて国民は、法律の定めるところにより、その能力に応じて、ひとしく教育を受ける権利を有する。
2　すべて国民は、法律の定めるところにより、その保護する子女に普通教育を受けさせる義務を負ふ。義務教育は、これを無償とする。
第二十七条〔勤労の権利と義務、勤労条件の基準及び児童酷使の禁止〕すべて国民は、勤労の権利を有し、義務を負ふ。
2　賃金、就業時間、休息その他の勤労条件に関する基準は、法律でこれを定める。
3　児童は、これを酷使してはならない。
第二十八条〔勤労者の団結権及び団体行動権〕勤労者の団結する権利及び団体交渉その他の団体行動をする権利は、これを保障する。
第二十九条〔財産権〕財産権は、これを侵してはならない。
2　財産権の内容は、公共の福祉に適合するやうに、法律でこれを定める。
3　私有財産は、正当な補償の下に、これを公共のために用ひることができる。
第三十条〔納税の義務〕国民は、法律の定めるところにより、納税の義務を負ふ。
第三十一条〔生命及び自由の保障と科刑の制約〕何人も、法律の定める手続によらなければ、その生命若しくは自由を奪はれ、又はその他の刑罰を科せられない。
第三十二条〔裁判を受ける権利〕何人も、裁判所において裁判を受ける権利を奪はれない。
第三十三条〔逮捕の制約〕何人も、現行犯として逮捕される場合を除いては、権限を有する司法官憲が発し、且つ理由となつてゐる犯罪を明示する令状によらなければ、逮捕されない。
第三十四条〔抑留及び拘禁の制約〕何人も、理由を直ちに告げられ、且つ、直ちに弁護人に依頼する権利を与へられなければ、抑留又は拘禁されない。又、何人も、正当な理由がなければ、拘禁されず、要求があれば、その理由は、直ちに本人及びその弁護人の出席する公開の法廷で示されなければならない。
第三十五条〔侵入、捜索及び押収の制約〕何人も、その住居、書類及び所持品について、侵入、捜索及び押収を受けることのない権利は、第三十三条の場合を除いては、正当な理由に基いて発せられ、且つ捜索する場所及び押収する物を明示する令状がなければ、侵されない。
2　捜索又は押収は、権限を有する司法官憲が発する各別の令状により、これを行ふ。
第三十六条〔拷問及び残虐な刑罰の禁止〕　公務員による拷問及び残虐な刑罰は、絶対にこれを禁ずる。
第三十七条〔刑事被告人の権利〕　すべて刑事事件においては、被告人は、公平な裁判所の迅速な公開裁判を受ける権利を有する。
2　刑事被告人は、すべての証人に対して審問する機会を充分に与へられ、又、公費で自己のために強制的手続により証人を求める権利を有する。
3　刑事被告人は、いかなる場合にも、資格を有する弁護人を依頼することができる。被告人が自らこれを依頼することができないときは、国でこれを附する。
第三十八条〔自白強要の禁止と自白の証拠能力の限界〕　何人も、自己に不利益な供述を強要されない。
2　強制、拷問若しくは脅迫による自白又は不当に長く抑留若しくは拘禁された後の自白は、これを証拠とすることができない。
3　何人も、自己に不利益な唯一の証拠が本人の自白である場合には、有罪とされ、又は刑罰を科せられない。
第三十九条〔遡及処罰、二重処罰等の禁止〕　何人も、実行の時に適法であつた行為又は既に無罪とされた行為については、刑事上の責任を問はれない。又、同一の犯罪について、重ねて刑事上の責任を問はれない。
第四十条〔刑事補償〕　何人も、抑留又は拘禁された後、無罪の裁判を受けたときは、法律の定めるところにより、国にその補償を求めることができる。

第四章　国会

第四十一条〔国会の地位〕　国会は、国権の最高機関であつて、国の唯一の立法機関である。
第四十二条〔二院制〕　国会は、衆議院及び参議院の両議院でこれを構成する。

第四十三条〔両議院の組織〕　両議院は、全国民を代表する選挙された議員でこれを組織する。
２　両議院の議員の定数は、法律でこれを定める。
第四十四条〔議員及び選挙人の資格〕　両議院の議員及びその選挙人の資格は、法律でこれを定める。但し、人種、信条、性別、社会的身分、門地、教育、財産又は収入によつて差別してはならない。
第四十五条〔衆議院議員の任期〕　衆議院議員の任期は、四年とする。但し、衆議院解散の場合には、その期間満了前に終了する。
第四十六条〔参議院議員の任期〕　参議院議員の任期は、六年とし、三年ごとに議員の半数を改選する。
第四十七条〔議員の選挙〕　選挙区、投票の方法その他両議院の議員の選挙に関する事項は、法律でこれを定める。
第四十八条〔両議院議員相互兼職の禁止〕　何人も、同時に両議院の議員たることはできない。
第四十九条〔議員の歳費〕　両議院の議員は、法律の定めるところにより、国庫から相当額の歳費を受ける。
第五十条〔議員の不逮捕特権〕　両議院の議員は、法律の定める場合を除いては、国会の会期中逮捕されず、会期前に逮捕された議員は、その議院の要求があれば、会期中これを釈放しなければならない。
第五十一条〔議員の発言表決の無答責〕　両議院の議員は、議院で行つた演説、討論又は表決について、院外で責任を問はれない。
第五十二条〔常会〕　国会の常会は、毎年一回これを召集する。
第五十三条〔臨時会〕　内閣は、国会の臨時会の召集を決定することができる。いづれかの議院の総議員の四分の一以上の要求があれば、内閣は、その召集を決定しなければならない。
第五十四条〔総選挙、特別会及び緊急集会〕　衆議院が解散されたときは、解散の日から四十日以内に、衆議院議員の総選挙を行ひ、その選挙の日から三十日以内に、国会を召集しなければならない。
２　衆議院が解散されたときは、参議院は、同時に閉会となる。但し、内閣は、国に緊急の必要があるときは、参議院の緊急集会を求めることができる。
3　前項但書の緊急集会において採られた措置は、臨時のものであつて、次の国会開会の後十日以内に、衆議院の同意がない場合には、その効力を失ふ。

第五十五条〔資格争訟〕　両議院は、各々その議員の資格に関する争訟を裁判する。但し、議員の議席を失はせるには、出席議員の三分の二以上の多数による議決を必要とする。

第五十六条〔議事の定足数と過半数議決〕　両議院は、各々その総議員の三分の一以上の出席がなければ、議事を開き議決することができない。
2　両議院の議事は、この憲法に特別の定のある場合を除いては、出席議員の過半数でこれを決し、可否同数のときは、議長の決するところによる。

第五十七条〔会議の公開と会議録〕　両議院の会議は、公開とする。但し、出席議員の三分の二以上の多数で議決したときは、秘密会を開くことができる。
2　両議院は、各々その会議の記録を保存し、秘密会の記録の中で特に秘密を要すると認められるもの以外は、これを公表し、且つ一般に頒布しなければならない。
3　出席議員の五分の一以上の要求があれば、各議員の表決は、これを会議録に記載しなければならない。

第五十八条〔役員の選任及び議院の自律権〕　両議院は、各々その議長その他の役員を選任する。
2　両議院は、各々その会議その他の手続及び内部の規律に関する規則を定め、又、院内の秩序をみだした議員を懲罰することができる。但し、議員を除名するには、出席議員の三分の二以上の多数による議決を必要とする。

第五十九条〔法律の成立〕　法律案は、この憲法に特別の定のある場合を除いては、両議院で可決したとき法律となる。
2　衆議院で可決し、参議院でこれと異なつた議決をした法律案は、衆議院で出席議員の三分の二以上の多数で再び可決したときは、法律となる。
3　前項の規定は、法律の定めるところにより、衆議院が、両議院の協議会を開くことを求めることを妨げない。

4　参議院が、衆議院の可決した法律案を受け取つた後、国会休会中の期間を除いて六十日以内に、議決しないときは、衆議院は、参議院がその法律案を否決したものとみなすことができる。

第六十条〔衆議院の予算先議権及び予算の議決〕予算は、さきに衆議院に提出しなければならない。

2　予算について、参議院で衆議院と異なつた議決をした場合に、法律の定めるところにより、両議院の協議会を開いても意見が一致しないとき、又は参議院が、衆議院の可決した予算を受け取つた後、国会休会中の期間を除いて三十日以内に、議決しないときは、衆議院の議決を国会の議決とする。

第六十一条〔条約締結の承認〕条約の締結に必要な国会の承認については、前条第二項の規定を準用する。

第六十二条〔議院の国政調査権〕両議院は、各々国政に関する調査を行ひ、これに関して、証人の出頭及び証言並びに記録の提出を要求することができる。

第六十三条〔国務大臣の出席〕内閣総理大臣その他の国務大臣は、両議院の一に議席を有すると有しないとにかかはらず、何時でも議案について発言するため議院に出席することができる。又、答弁又は説明のため出席を求められたときは、出席しなければならない。

第六十四条〔弾劾裁判所〕国会は、罷免の訴追を受けた裁判官を裁判するため、両議院の議員で組織する弾劾裁判所を設ける。

2　弾劾に関する事項は、法律でこれを定める。

第五章　内閣

第六十五条〔行政権の帰属〕行政権は、内閣に属する。

第六十六条〔内閣の組織と責任〕内閣は、法律の定めるところにより、その首長たる内閣総理大臣及びその他の国務大臣でこれを組織する。

2　内閣総理大臣その他の国務大臣は、文民でなければならない。

3　内閣は、行政権の行使について、国会に対し連帯して責任を負ふ。

第六十七条〔内閣総理大臣の指名〕 内閣総理大臣は、国会議員の中から国会の議決で、これを指名する。この指名は、他のすべての案件に先だつて、これを行ふ。

2 衆議院と参議院とが異なつた指名の議決をした場合に、法律の定めるところにより、両議院の協議会を開いても意見が一致しないとき、又は衆議院が指名の議決をした後、国会休会中の期間を除いて十日以内に、参議院が、指名の議決をしないときは、衆議院の議決を国会の議決とする。

第六十八条〔国務大臣の任免〕 内閣総理大臣は、国務大臣を任命する。但し、その過半数は、国会議員の中から選ばれなければならない。

2 内閣総理大臣は、任意に国務大臣を罷免することができる。

第六十九条〔不信任決議と解散又は総辞職〕 内閣は、衆議院で不信任の決議案を可決し、又は信任の決議案を否決したときは、十日以内に衆議院が解散されない限り、総辞職をしなければならない。

第七十条〔内閣総理大臣の欠缺又は総選挙施行による総辞職〕 内閣総理大臣が欠けたとき、又は衆議院議員総選挙の後に初めて国会の召集があつたときは、内閣は、総辞職をしなければならない。

第七十一条〔総辞職後の職務続行〕 前二条の場合には、内閣は、あらたに内閣総理大臣が任命されるまで引き続きその職務を行ふ。

第七十二条〔内閣総理大臣の職務権限〕 内閣総理大臣は、内閣を代表して議案を国会に提出し、一般国務及び外交関係について国会に報告し、並びに行政各部を指揮監督する。

第七十三条〔内閣の職務権限〕 内閣は、他の一般行政事務の外、左の事務を行ふ。

一 法律を誠実に執行し、国務を総理すること。
二 外交関係を処理すること。
三 条約を締結すること。但し、事前に、時宜によつては事後に、国会の承認を経ることを必要とする。
四 法律の定める基準に従ひ、官吏に関する事務を掌理すること。
五 予算を作成して国会に提出すること。

六　この憲法及び法律の規定を実施するために、政令を制定すること。但し、政令には、特にその法律の委任がある場合を除いては、罰則を設けることができない。

七　大赦、特赦、減刑、刑の執行の免除及び復権を決定すること。

第七十四条〔法律及び政令への署名と連署〕　法律及び政令には、すべて主任の国務大臣が署名し、内閣総理大臣が連署することを必要とする。

第七十五条〔国務大臣訴追の制約〕　国務大臣は、その在任中、内閣総理大臣の同意がなければ、訴追されない。但し、これがため、訴追の権利は、害されない。

第六章　司法

第七十六条〔司法権の機関と裁判官の職務上の独立〕　すべて司法権は、最高裁判所及び法律の定めるところにより設置する下級裁判所に属する。

2　特別裁判所は、これを設置することができない。行政機関は、終審として裁判を行ふことができない。

3　すべて裁判官は、その良心に従ひ独立してその職権を行ひ、この憲法及び法律にのみ拘束される。

第七十七条〔最高裁判所の規則制定権〕　最高裁判所は、訴訟に関する手続、弁護士、裁判所の内部規律及び司法事務処理に関する事項について、規則を定める権限を有する。

2　検察官は、最高裁判所の定める規則に従はなければならない。

3　最高裁判所は、下級裁判所に関する規則を定める権限を、下級裁判所に委任することができる。

第七十八条〔裁判官の身分の保障〕　裁判官は、裁判により、心身の故障のために職務を執ることができないと決定された場合を除いては、公の弾劾によらなければ罷免されない。裁判官の懲戒処分は、行政機関がこれを行ふことはできない。

第七十九条〔最高裁判所の構成及び裁判官任命の国民審査〕　最高裁判所は、その長たる裁判官及び法律の定める員数のその他の裁判官でこれを構成し、その長たる裁判官以外の裁判官は、内閣でこれを任命する。

2　最高裁判所の裁判官の任命は、その任命後初めて行はれる衆議院議員総選挙の際国民の審査に付し、その後十年を経過した後初めて行はれる衆議院議員総選挙の際更に審査に付し、その後も同様とする。

3　前項の場合において、投票者の多数が裁判官の罷免を可とするときは、その裁判官は、罷免される。

4　審査に関する事項は、法律でこれを定める。

5　最高裁判所の裁判官は、法律の定める年齢に達した時に退官する。

6　最高裁判所の裁判官は、すべて定期に相当額の報酬を受ける。この報酬は、在任中、これを減額することができない。

第八十条〔下級裁判所の裁判官〕　下級裁判所の裁判官は、最高裁判所の指名した者の名簿によつて、内閣でこれを任命する。その裁判官は、任期を十年とし、再任されることができる。但し、法律の定める年齢に達した時には退官する。

2　下級裁判所の裁判官は、すべて定期に相当額の報酬を受ける。この報酬は、在任中、これを減額することができない。

第八十一条〔最高裁判所の法令審査権〕　最高裁判所は、一切の法律、命令、規則又は処分が憲法に適合するかしないかを決定する権限を有する終審裁判所である。

第八十二条〔対審及び判決の公開〕　裁判の対審及び判決は、公開法廷でこれを行ふ。

2　裁判所が、裁判官の全員一致で、公の秩序又は善良の風俗を害する虞があると決した場合には、対審は、公開しないでこれを行ふことができる。但し、政治犯罪、出版に関する犯罪又はこの憲法第三章で保障する国民の権利が問題となつてゐる事件の対審は、常にこれを公開しなければならない。

第七章　財政

第八十三条〔財政処理の要件〕　国の財政を処理する権限は、国会の議決に基いて、これを行使しなければならない。

第八十四条〔課税の要件〕　あらたに租税を課し、

又は現行の租税を変更するには、法律又は法律の定める条件によることを必要とする。

第八十五条〔国費支出及び債務負担の要件〕　国費を支出し、又は国が債務を負担するには、国会の議決に基くことを必要とする。

第八十六条〔予算の作成〕　内閣は、毎会計年度の予算を作成し、国会に提出して、その審議を受け議決を経なければならない。

第八十七条〔予備費〕　予見し難い予算の不足に充てるため、国会の議決に基いて予備費を設け、内閣の責任でこれを支出することができる。

2　すべて予備費の支出については、内閣は、事後に国会の承諾を得なければならない。

第八十八条〔皇室財産及び皇室費用〕　すべて皇室財産は、国に属する。すべて皇室の費用は、予算に計上して国会の議決を経なければならない。

第八十九条〔公の財産の用途制限〕　公金その他の公の財産は、宗教上の組織若しくは団体の使用、便益若しくは維持のため、又は公の支配に属しない慈善、教育若しくは博愛の事業に対し、これを支出し、又はその利用に供してはならない。

第九十条〔会計検査〕　国の収入支出の決算は、すべて毎年会計検査院がこれを検査し、内閣は、次の年度に、その検査報告とともに、これを国会に提出しなければならない。

2　会計検査院の組織及び権限は、法律でこれを定める。

第九十一条〔財政状況の報告〕　内閣は、国会及び国民に対し、定期に、少くとも毎年一回、国の財政状況について報告しなければならない。

第八章　地方自治

第九十二条〔地方自治の本旨の確保〕　地方公共団体の組織及び運営に関する事項は、地方自治の本旨に基いて、法律でこれを定める。

第九十三条〔地方公共団体の機関〕　地方公共団体には、法律の定めるところにより、その議事機関として議会を設置する。

2　地方公共団体の長、その議会の議員及び法律の定めるその他の吏員は、その地方公共団体の住民が、直接これを選挙する。

第九十四条〔地方公共団体の権能〕　地方公共団体

は、その財産を管理し、事務を処理し、及び行政を執行する権能を有し、法律の範囲内で条例を制定することができる。

第九十五条〔一の地方公共団体のみに適用される特別法〕　一の地方公共団体のみに適用される特別法は、法律の定めるところにより、その地方公共団体の住民の投票においてその過半数の同意を得なければ、国会は、これを制定することができない。

第九章　改正

第九十六条〔憲法改正の発議、国民投票及び公布〕　この憲法の改正は、各議院の総議員の三分の二以上の賛成で、国会が、これを発議し、国民に提案してその承認を経なければならない。この承認には、特別の国民投票又は国会の定める選挙の際行はれる投票において、その過半数の賛成を必要とする。

2　憲法改正について前項の承認を経たときは、天皇は、国民の名で、この憲法と一体を成すものとして、直ちにこれを公布する。

第十章　最高法規

第九十七条〔基本的人権の由来特質〕　この憲法が日本国民に保障する基本的人権は、人類の多年にわたる自由獲得の努力の成果であつて、これらの権利は、過去幾多の試錬に堪へ、現在及び将来の国民に対し、侵すことのできない永久の権利として信託されたものである。

第九十八条〔憲法の最高性と条約及び国際法規の遵守〕　この憲法は、国の最高法規であつて、その条規に反する法律、命令、詔勅及び国務に関するその他の行為の全部又は一部は、その効力を有しない。

2　日本国が締結した条約及び確立された国際法規は、これを誠実に遵守することを必要とする。

第九十九条〔憲法尊重擁護の義務〕　天皇又は摂政及び国務大臣、国会議員、裁判官その他の公務員は、この憲法を尊重し擁護する義務を負ふ。

第十一章　補則

第百条〔施行期日と施行前の準備行為〕　この憲法

は、公布の日から起算して六箇月を経過した日から、これを施行する。2　この憲法を施行するために必要な法律の制定、参議院議員の選挙及び国会召集の手続並びにこの憲法を施行するために必要な準備手続は、前項の期日よりも前に、これを行ふことができる。

第百一条〔参議院成立前の国会〕　この憲法施行の際、参議院がまだ成立してゐないときは、その成立するまでの間、衆議院は、国会としての権限を行ふ。

第百二条〔参議院議員の任期の経過的特例〕　この憲法による第一期の参議院議員のうち、その半数の者の任期は、これを三年とする。その議員は、法律の定めるところにより、これを定める。

第百三条〔公務員の地位に関する経過規定〕　この憲法施行の際現に在職する国務大臣、衆議院議員及び裁判官並びにその他の公務員で、その地位に相応する地位がこの憲法で認められてゐる者は、法律で特別の定をした場合を除いては、この憲法施行のため、当然にはその地位を失ふことはない。但し、この憲法によつて、後任者が選挙又は任命されたときは、当然その地位を失ふ。

蜷川 新（にながわ　あらた）略歴

1873年　駿河国（静岡県）袖師に生まれ、東京麹町に育つ。
1901年　東京大学法科卒業。
1912年　法学博士の学位を受ける。
1913年　～23年までの間、欧米各国外遊四回。
要務をおびて樺太、旅順に出張。
朝鮮滞在は6年にわたる。
1914年　～17年まで同志社大学教授。
1929年　～40年まで駒沢大学教授。
その他、教職、公職を歴任する。
国際会議に列席すること数回。
赤十字社聯盟の設立に尽力。
タイ国、中国等にも数度出張。
1959年　脳血栓のため逝去（86歳）。
著　書　憲法、国際法、外交、歴史に関するもの数十冊がある（「新版のための解説」を参照）。

新版　憲法読本——主権者たる国民が正義を貫くために

2023年12月20日　初版第1刷印刷
2023年12月25日　初版第1刷発行

著　者　蜷川 新
発行者　森下紀夫
発行所　論 創 社
東京都千代田区神田神保町2-23　北井ビル
tel. 03（3264）5254　fax. 03（3264）5232　web. https://ronso.co.jp
振替口座　00160-1-155266
装幀／宗利淳一
印刷・製本／中央精版印刷　組版／フレックスアート
ISBN978-4-8460-2290-7